科学传播与科学教育

第一辑

主编 郭传杰 周忠和

中国科学技术大学出版社

内 容 简 介

本书精心挑选了来自全国各地科学传播与科学教育领域内专家、学者的高质量学术论文10篇，内容从近10年国内外科学传播发展概况的梳理到媒体融合时代科学传播的困境及生物多样性科学传播策略、在到科学精神的理解；从科学教育视角下的中国公民科学素质建设到学前STEM教育的开展方式及策略；从科幻教育在基础教育中的应用到可视化教学模式的探索等多方面、多角度地对科学传播与科学教育进行阐述，旨在推进科学传播与科学教育在科学前沿领域内研究与发现，促进学术交流与学科发展，使之更好地服务于公民科学素质提升、科学教育体系推广和创新型国家建设的需要。

本书可供科学传播与科学教育领域相关的高校师生、科技工作者以及从业人员学习参考。

图书在版编目(CIP)数据

科学传播与科学教育.第一辑/郭传杰，周忠和主编.—合肥：中国科学技术大学出版社，2022.8

ISBN 978-7-312-05468-6

Ⅰ.科… Ⅱ.①郭… ②周… Ⅲ.①科学技术—传播学—研究 ②科学教育学—研究 Ⅳ.①G206.2 ②G40-05

中国版本图书馆 CIP 数据核字(2022)第 107926 号

科学传播与科学教育

KEXUE CHUANBO YU KEXUE JIAOYU

出版	中国科学技术大学出版社 安徽省合肥市金寨路96号，230026 http://press.ustc.edu.cn http://shop109383220.taobao.com
印刷	安徽国文彩印有限公司
发行	中国科学技术大学出版社
开本	787 mm×1092 mm 1/16
印张	9.75
字数	208千
版次	2022年8月第1版
印次	2022年8月第1次印刷
定价	48.00元

编辑委员会

主　编　　郭传杰　中国科学院
　　　　　　 周忠和　中国科学技术大学
副主编　　汤书昆　中国科学技术大学
　　　　　　 邱成利　中国科学院科学传播研究中心
　　　　　　 陈　进　中国科学院西双版纳热带植物园
　　　　　　 任福君　中国科协创新战略研究院
　　　　　　 周荣庭　中国科学技术大学
编　委（以姓氏音序排列）
　　　　　　 曹则贤　中国科学院物理研究所
　　　　　　 陈　玲　中国科普研究所
　　　　　　 陈文莉　南洋理工大学
　　　　　　 褚建勋　中国科学技术大学
　　　　　　 董光璧　中国科学院自然科学史研究所
　　　　　　 胡卫平　陕西师范大学
　　　　　　 贾鹤鹏　苏州大学
　　　　　　 金兼斌　清华大学
　　　　　　 孔　燕　中国科学技术大学
　　　　　　 李正风　清华大学
　　　　　　 刘　兵　清华大学
　　　　　　 马　强　中国科学院科学传播局
　　　　　　 潘建伟　中国科学技术大学
　　　　　　 汤　涛　香港浸会大学-北京师范大学联合国际学院
　　　　　　 王国燕　苏州大学
　　　　　　 王小明　上海科技馆
　　　　　　 吴国盛　清华大学

徐　飞　中国科学技术大学
翟雪松　浙江大学
张增一　中国科学院大学
郑　念　中国科普研究所
郑永和　北京师范大学
周德进　中国科学院科学传播局
祝建华　香港城市大学

序 言

在百年变局的大情势下,许多领域的前景判断呈现出不确定性。然而,科学技术将迅猛发展的趋势却十分地清晰。伴随科学技术的进步,有两个相关领域的重要性从来没有像今天这样被社会广泛认知,这就是科学传播和科学教育。

历史上,科学传播长期只被作为科学研究的一种副产品而存在。但今天,它已被认为"是实现创新发展的两翼"之一,与科技创新处于"同等重要的位置"。这种改变的缘由,是科学技术不仅塑造人类现代的物质生活,也深刻地影响着人类的世界观、价值观和思维方式,影响着人类文明发展的方向与进程。准确地传播科学,促进公众更深刻理解科学,变得尤为重要,关系到人类未来的生存。

科学教育作为一种重要的社会存在,比科学传播来得更晚一些。长期以来,教育的功能主要体现在"传道、授业、解惑"诸方面,本质上是用前人创造的知识帮助学生校正未来的方向,解决未来的问题。科学教育诞生以后,这种局面正在改变。因为科学教育蕴含着科学的本质,它始终闪烁着质疑求真、务实创造的光芒。科学教育是现代教育事业的一部分,但不是教育的附品;它是科学馈赠给传统教育的伟大礼物,是促进教育面向未来发展的一种原动力。

联合国教科文组织(UNESCO)2020年发布的《新冠肺炎疫情后世界的教育》报告指出,要加强科学教育,特别是要促进科学教育由知识理解层面向能力与技能层面延伸。科学传播、科学教育将在科技、教育发展全局中发挥一定的基础性和引领性作用,也是事关科技人才质量与数量的决定性因素。

就这两个领域看世界,我们近年的发展势头十分可喜。但是与发达国家相比,无论是在理论探索、体系构建方面还是在实践发展方面,都还存在一定的差距。我国香山科学会议已经召开700多次,以科学传播、科学教育为主题的似乎只有2次(2007年的307次会议和2021年的703次会议)。作为这两次会议的联合发起人和主持人之一,我既为这两个领域在理论研究及发展实践还远远不能满足科技强国建设的急迫需要感到忧虑,也为诸多中青年学者在此领域的艰苦耕耘奉献和较高学养水平所鼓舞。两次会议上,大家对如何加快这两个领域的改革发展,提出了许多真知灼见。在某种意义上,《科学传播与科学教育》的诞生,也得益于这两次香山科学会议的催生和营养。

现在,《科学传播与科学教育》终于以系列丛书的方式与广大读者见面了。它是反映科学传播与科学教育前沿理论与探索实践的学术文集。

《科学传播与科学教育》秉持"传承人类文明,荟萃科学发现,传播科学文化,探索科学教育"的宗旨,致力于反映国内外科学传播、科学教育最新研究成果和学术动态;针对重大理论、方法和前沿领域开展专题研讨和交流;引导相关学科的发展、创新及其成果的转化与应用;努力发现和培育学术新人;服务于全民科学素养提升工程,服务于提升我国国际科学传播能力和世界科技强国建设。这将是《科学传播与科学教育》一以贯之的追求和愿景!

我们期待通过持续的努力,整合一切可以动员的资源,加强社会各界对"科技创新与科学普及同等重要"的战略认识,加强科学传播与教育服务创新发展的价值认识,提升科学共同体开展科学传播和科学教育的信心与能力。我们将努力把《科学传播与科学教育》打造成中国科学传播的学术阵地和交流平台,打造成国际科学传播和科学教育界了解我国相关领域知识创新和研究成果的途径和窗口,我们将发扬科学精神,锐意进取,努力把它打造成本学科领域的重要品牌。

新生代力量的培育、成长,是学科发展及一切事业的未来。这一辑刊登的大部分青年学者的文章,就来自中国科学技术大学科技传播系建系20周年之际创办的"科学传播与科学教育青年学者论坛"及第五届罗梭江科学教育论坛上的投稿。论坛与专辑互动,原创性的青年观点转化为学术文章得以出版,青年才俊风采得以展现,论坛学术成果得以积累,学科梯队建设得以加强。

《科学传播与科学教育》将密切地、持久地与科学传播、科学教育的学术同仁们相互见证,共同成长。"一畦春韭绿,十里稻花香。"作为本学科领域的一片初耕园地,期待同仁们一道来浇灌,一起品稻香。诚邀科学传播界、科学教育界同仁贡献真知灼见和学术成果,共同把《科学传播与科学教育》做好!

郭传杰

2022年7月22日

目 录

序言 ·· 郭传杰（ⅰ）

科学传播十载，研究成果几何：文献计量学视角的动态解析
·· 周荣庭　王　懂　柏江竹（1）

中国公民科学素质建设：科学教育视角下的审视 ·········· 王国燕　王伶妃　袁玥琪（19）

学前 STEM 教育的另类打开：C4L 模式及其开展策略 ······ 董　艳　阳思雨　孟南夕（32）

试论科幻教育在基础教育中的运用 ·································· 殷　俊　彭　姣（49）

自媒体环境下生物多样性科学传播策略分析：以"无穷小亮的科普日常"为例
·· 汤欣雯　周　慎（63）

"科学"伪装的利用：对美国"科学神创"运动的反思 ·············· 杨　正　卫星悦（77）

中学科学教师对科学精神的理解及其机制：以青少年高校科学营中的科学教师为例
·· 蒋姊宣　董　操　王　聪（90）

媒体融合时代科学传播的困境及发展路径研究 ·············· 白　宇　李　薇（105）

在传统科学课堂中嵌入可视化的教学方法与案例研究 ······ 徐奇智　张林昕　张淑雅（117）

议程注意周期视角下中日主流媒体对争议性科技议题的报道框架研究：
　　以《人民日报》与《朝日新闻》的转基因报道为例 ··············· 吴文汐　魏　泽（130）

科学传播十载,研究成果几何:
文献计量学视角的动态解析

周荣庭[1]　王懂[1]　柏江竹[1]

1) 中国科学技术大学科技传播系,安徽 合肥 230026

摘　要　科学传播是共享科学技术研究和开发的相关信息的人类传播活动,可促进科学共同体与公众的沟通,参与并提高公民科学素质的研究和实践领域。在新冠疫情的背景下,其重要性和研究价值愈发凸显。为了梳理近十年来国内外科学传播发展的状况,跟踪该领域前沿研究进展,对比国内外研究之差异和差距,本文借助文献计量学方法、共词网络分析和知识图谱等手段,对科学传播领域的研究论文发表情况进行总结,并从研究机构、学术期刊、作者、国家和地区等不同维度对科学传播的学科建制发展进行深入剖析。最后,通过共词网络分析,本文对此领域的研究内容和主要议题进行分析和可视化呈现,以期为科学传播领域的研究者、实践者乃至参与其中的公众提供参考和启发。

关键词　科技传播;科普;知识图谱;研究主题

1　引　言

科学传播是共享科学技术研究和开发的相关信息的人类传播活动,可在科学共同体内部、科学共同体与公众之间搭建起沟通的桥梁。科学传播的研究包括其概念与特征、发展历史、对象与内容、功能与服务、渠道与政策、载体、队伍建设、设施建设与管理、工程组织、效果评估等[1]。自 1985 年英国皇家学会首次发表《公众理解科学》以来,全球科学传播研究与实践发展迅速;在我国,国家先后颁布《全民科学素质行动计划纲要(2006—2010—2020 年)》《全民科学素质行动规划纲要(2021 — 2035 年)》,用全面、系统和持续的政策支持来推动全民科学素质的提升,国内的科学传播也随之逐步形成了结构性的影响力,其重要价值也开始引起各界关注。科学传播的发展日新月异,但也面临着跟踪科学技术前沿开展有效普及的需求,以及新冠疫情、猴痘疫情等公共卫生危机背景下理论和实践的创新等问题。简言之,科学传播亟须回望征程、整装前行,迎接新时代社会进步、经济发展和国家创新面对的各种挑战。

近年来,不少研究都尝试总结和归纳科学传播领域的前沿发展、热点主题和研究趋势。张馨文等[2]对2014年以前十年间《公众理解科学》(Public Understanding of Science)期刊的研究热点与趋势进行了分析,王国燕等[3]对2017年以前的十年内《科学传播》(Science Communication)期刊的研究趋势和热点进行了总结梳理。此外,褚建勋等[4]对上述两本科学传播领域的权威期刊进行了综合分析,得出其研究趋势和前沿热点。韩扬眉等[5]聚焦气候传播议题,也利用上述两本期刊进行相关研究热点的梳理。除了对这两本权威期刊的专门研究外,方可人等[6]以公民科研为切入点,通过知识图谱等方法研究了参与式科学传播的研究趋势和发展状态,凡庆涛等[7]基于科学引文索引(Science Citation Index,SCI)和社会科学引文索引(Social Science Citation Index,SSCI)两个数据库对国外近年来的科学传播研究现状进行综述性解读,郑博临[8]对部分中文社会科学引文索引(Chinese Social Science Index,CSSCI)数据库收录的科学传播文献进行了知识图谱的可视化分析。上述研究或以特定期刊为数据来源,或以特定主题为研究对象,或以国外或国内的部分文献作为研究对象,无法全面涵盖科学传播在国内外的总体研究状况。此外,上述研究多发表于新冠疫情之前,而新冠疫情后的科学传播研究有何变化、国内外有何差异等问题均值得关注。本研究尝试对近十年的国内外科学传播相关研究进展进行系统性梳理,并从学科建制的视角来跟踪学科的发展状态、研究内容及热点主题。

2 研究方法

近十年来,国内外科学传播领域发表的研究文献超过6000篇,体量巨大;在追踪该领域发展的过程中,尚需借助系统而直观的分析方法来呈现其总体发展状态。本研究将从多个权威的数据库中收集相关数据,并利用文献计量学和信息可视化的方法对数据进行多维度深入分析。

2.1 数据收集

在数据收集的过程中,一方面需要尽可能全面地收集到近十年来发表的与科学传播相关的文献,另一方面还要尽量保证收集到的文献具有较大的影响力。鉴于文献数量和质量的均衡考虑,本文选取了国内和国外两个不同权威的数据源作为数据池。

国内中文文献选取中国知网数据平台,在其"专业检索"栏目使用检索式搜索,并收集从 2012 年 1 月 1 日至 2021 年 12 月 31 日发表的所有相关文献;其中,来源类别选取了"核心期刊"和"CSSCI"两类。考虑到长期以来,科学传播在国内多以科学普及、科技传播等在功能和实质层面相类似的概念表达,并结合相关同义表达和前沿形态,以尽可能全面地包含科学传播相关的研究文献,本研究中在中国知网上采用的检索式为"SU = ('科普'+'科学普及'+'科技传播'+'科学传播'+'公众理解科学'+'大众科学'+'科学素养'+'科学素质'+'缺失模型'+'语境模型'+'公众参与模型')－'科学教育'"。检索后获得 3803 条文献记录,通过人工筛选的方式剔除不相关的记录 829 条,最终选取 2974 条文献记录。所有文献记录的检索时间为 2022 年 4 月。

本研究以 science communication 为核心收集国外期刊英文文献,采用与上述同样的检索词拓展方法,在 Web of Science Core Collection 网站上进行检索,并聚焦于 Social Sciences Citation Index 和 Arts & Humanities Citation Index 两个权威数据库,从而有针对性地获得科学传播相关的文献。检索的时间段同上,最终检索得到 3772 篇文献记录。在筛选不相关文献后,最终得到的研究论文共计 3544 篇。此处采用的检索式为"TS = ('science communication' OR 'science and technology communication' OR 'science popularization' OR 'public understanding of science' OR 'popularization of science' OR 'scientific and technical communication' OR 'science literacy' OR 'scientific literacy') OR TS = ((('deficit model' OR 'contextual model' OR 'public engagement' OR 'public participation') AND science)"。

2.2 分析方法

本研究除了使用描述性统计方法进行文献相关统计量的分析之外,还采用了共现分析的方法,包括关键词共词分析和作者合作网络分析,并采用知识图谱对共现网络数据进行直观的可视化呈现,以期追踪科学传播领域中具有影响力的合作团队、重要的研究方向及发展趋势。本研究中的共现分析,即利用关键词或作者出现于同一篇文献中的"共现"关系而进行研究的方法,可获得以关键词、作者为网络节点,共现关系为边的网络。通过关键词和作者节点的度(节点连接的边的数量)和中介中心性(节点处于网络中任意两个节点的最短路径上的频次)等量化指标,可以梳理出整个网络当中具有结构重要性的关键词和作者,以便跟踪某一领域的热点和前沿的研究团队。本研究将借助美国德雷塞尔大学陈超美团队开发的用于科学文献计量分析的 CiteSpace 软件[9],其内置的网络数据分析和网络呈现算法、标签提取算法(如 Log-Likelihood Ratio 算法)和筛选算法(如 Pathfinder、Minimum-Spinning Tree 算法)等[10],常用于文献共被引数据分析。此外,本研究中还借助 Waltman 教授开发的 VosViewer[11]工具进行共词分析,与前者形成互补。上述分析工具已在文献计量等领域获得了大量的应用和检验,是成熟的知识图谱分析工具。

3 研究结果

3.1 各年度发文量概况

国内外科学传播领域年均发文量相近,但发文量变化趋势呈现不同的特点。通过统计两个数据源的各年发文量得到图1,在中国知网上科学传播相关论文数量在近十年内维持在平均值380篇左右,略有起伏但差距不大,自2020年初以来发文量重现上升势头,这与新冠疫情带来的相关研究需求大幅提升有关。相对来看,WoS 上的相关文献发文量呈平滑、单调上升的趋势,从2012年的205篇增加到2021年的534篇,总量上增加了1.6倍。不难看出,研究科学传播的力量在国内已相对稳定,从全民科学素质行动计划落地实施以来,其各项议题在学术界获得了关注,相应的研究成果开始提供理论指导和经验总结。相对而言,由于国外数据库自身的限制,其科学传播研究的文献数量相对较少,但该领域得到了国际学术界越来越多的关注,这也与凡庆涛团队的发现相呼应[7]。

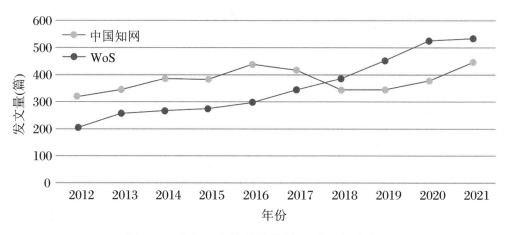

图 1　近十年国内外科学传播文献逐年分布

3.2 学科建制

相对于传播学二级学科而言,科学传播是较新的子学科[12],尚处于学科建制化的进程中,在新闻传播学一级学科的体系中尤显"势单力孤"。从20世纪上半叶发展至今,科学传播围绕理论基础、理论体系和研究框架等基础问题展开探索,显示其正在逐步走向成熟[13]。尤其在近十年,国内外科学传播领域逐步形成了一批核心的研究机构,组建了较为固定的研究团队,并产生了一批科学传播的专门学术期刊,进而在国家和地区间开展了广泛的学术合作。这每一项进步都在为科学传播的建制化发展增砖添瓦,推动着学科范式向更深层次演化。

3.2.1 研究机构分析

通过统计中国知网和WoS中科学传播领域发文量排名前20的机构可得到图2。在中国的科学传播研究机构中,中国科普研究所以176篇论文独占鳌头,体现了该所在此领域的深耕程度和引领作用。根据研究范式和研究方法的偏好,这些机构可归于4种代表性的类型。

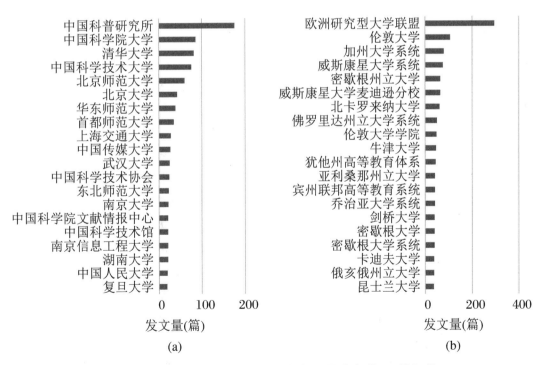

图2 中国知网(a)和WoS(b)中发文量排名前20的机构

第一类是"科协系"研究机构,包括中国科协及其下属单位,如中国科普研究所、中国科学技术馆等,其研究关注具体科普实践、场馆建设、政策引导和事业规划;第二类是师范类大学,如北京师范大学、华东师范大学、首都师范大学和东北师范大学等,其研究常以科学素质、PISA[14]等教育学的方法和范式切入,为科学传播研究提供了专业的视角和独特的体系;第三类是在新闻传播学发展颇为成熟的综合性大学,如清华大学、北京大学、武汉大学和中国传媒大学等,常借助传统新闻学或传播学的研究方法和范式进行科学传播研究,包括对科普节目[15]、科普媒体[16]、科普报道[17]、科普载体[18]和媒介话语[19]等加以分析。第四类是在科学传播有独特优势的高等学府,如中国科学院大学、中国科学技术大学和南京信息工程大学等,在科学家形象研究[20]、科普新媒体[21]和气象科普[22]领域利用其理工科背景开展研究,可整合科学共同体和科学传播资源,并有望形成科学传播研究持续发力的中心。

WoS 会将研究机构数据中的分校或分支机构集合在一起,形成综合机构,因而呈现出来的结果较为杂糅,也不易界定每个综合机构的研究特色。比如,欧洲研究型大学联盟在 2017 年包含了 23 个欧洲高校与科研机构,而其中就有 5 家英国的大学。这个联盟贡献的科学传播论文数量最多,共有 318 篇;其中排名前三的分别是牛津大学、剑桥大学和爱丁堡大学,三所高校共发表了 123 篇文献,而联盟中排在第四的是苏黎世大学,仅有 31 篇论文,比排在第 20 名的昆士兰大学还要低。从 WoS 的排名之中可以发现,美国和英国的高校发文量居主流地位,且美国高校已占据半壁江山。若考察机构间的合作关系,可发现英国和美国已各自形成较为紧密的合作网络,保持了相对的独立性。

3.2.2 学术期刊分析

专门学术期刊是科学传播研究的重要阵地。目前国内外都形成了较为固定的核心期刊,以及与科学传播议题相近的姊妹期刊。通过描述性统计得到图3,国内科学传播专门学术期刊形成了《科技导报》《科普研究》两个排头兵,并入选北京大学《中文核心期刊目录总览》(以下简称"北大核心"),但未被选入 CSSCI 数据库;这在一定程度上表明科学传播领域在国内专业发展中的相对弱势地位,其学科建制化仍有较大空间。值得注意的是,《科普研究》在被选入"北大核心"后曾一度中断,时隔 6 年于 2021 年重新被"北大核心"收录;该期刊在 2020 年初新冠疫情爆发伊始便积极组稿,并及时刊出疫情相关的应急科普研究论文,其用心程度可见一斑。与科学传播议题相近的姊妹期刊,源自新闻传播学、科学教育、科技哲学和医学等专业领域,如《青年记者》《科技与出版》《中国出版》《化学教育》《自然辩证法研究》《中华护理杂志》等,一定程度上反映了这些学术期刊对科学传播的关注度及其对学科交叉的包容度。

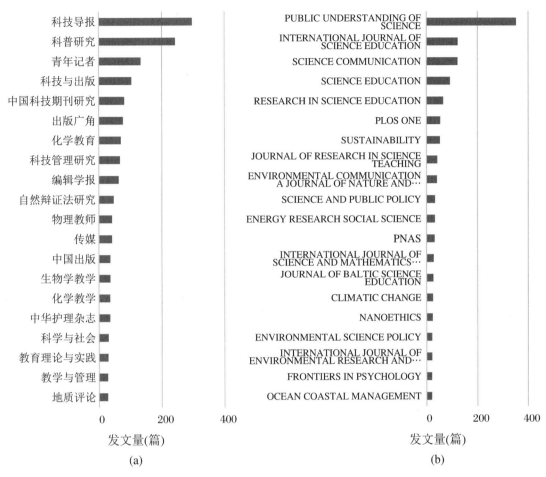

图 3 中国知网(a)和 WoS(b)中发文量排名前 20 的期刊

从发文量来看,国外科学传播主要以 *Public Understanding of Science* 为专门学术期刊,该刊十年间发表了 353 篇相关研究论文,位居榜首。此外,发文量排第三位的 *Science Communication* 也作为另一专门的学术期刊,与 *Public Understanding of Science* 共同作为科学传播的主要研究阵地。两刊常常被选取出来用于单独分析或是对比分析,其结论用于代表科学传播的发展动态[2],足见其在科学传播中的核心地位。在 2021 年的期刊引用报告(Journal Citation Reports)中,*Science Communication* 的影响因子由上一年度的 4.108 跃升至 7.441,在传播学(Communication)领域所有 94 种期刊中的排名由第 18 位迅速攀升至第 2 位;*Public Understanding of Science* 影响因子为 3.702,排名也从第 38 位跃升至第 26 位,而 *Public Understanding of Science* 在 WoS 分类中也属于科学史与科学哲学(History & Philosophy of Science)领域,其影响因子排名在此领域中位列第二。上述两种刊物的影响力在短

— 7 —

期内的跃升,在很大程度上是得益于新冠疫情带来的大量关注,关于公共卫生议题的科学传播、健康传播和应急传播既渗入公众的日常生活,也在研究成果中得以体现。考虑到影响因子在反映期刊影响力时会有至少一年的滞后,这两种刊物的影响因子直至今年发布的2021年期刊引用报告中才显示出强劲的增长。随着以公共卫生为代表的科学议题进入聚光灯下,国际科学传播领域涌现了一股不容忽视的相关研究力量。

3.2.3 作者合作网络分析

探究科学传播的学科建制发展,需要考虑此领域中有影响力的研究者及其在本领域中所处的位置,从而准确跟踪不同研究群体在科学传播前沿起到的推动作用。在研究有影响力的作者时,传统的方法是关注发文量位于前列的高产量作者;当前也可使用作者合作网络来寻找在网络中具有结构重要性的作者节点,同时定位其所在的研究团队,从而系统地跟踪不同团队在此领域中多元化的研究方向。此时,每个团队中节点度高的作者往往论文产量也较高,实则兼具了传统方法的优点。因此本研究并不限于简单地跟踪少数高产量作者,而是采用作者合作网络分析的方式来定位科学传播领域中的重要研究团队,即利用 CiteSpace 软件将收集到的数据制作出作者合作网络,并通过网络可视化软件 Gephi 进行重新排列,从而在不改变网络的矩阵结构的情况下,使合作网络看上去更加直观清晰和机构化,呈现出明确的合作群体。

国内科学传播领域作者的合作网络在图 4 中呈现。其中每个作者姓名的大小与其节点的度呈正相关,反映了合作文献的数量,因而一定程度上标记了本领域中论文产量较高的作者。任何两个作者节点之间的边代表了二者的合作关系,边的粗细代表了合作的频次。图 4 中呈现出多个明显的合作网络,包括以王大鹏、郑念和高宏斌为代表的中国科普研究所的多个合作网络,以周荣庭为代表的中国科学技术大学的合作网络,还有以刘树臣、何哲峰为代表的中国地质博物馆的合作网络等。在这些合作网络中,其成员并不一定限于同一机构,而是形成了广泛的跨机构合作网络,这说明近十年中,国内科学传播领域的研究者已经构建了较为完善的沟通合作模式,形成了一定规模的学科建制。

国外研究者的合作网络如图 5 所示。总体来看,国外的研究机构和研究团队也形成了较好的研究合作,且跨机构合作较多。其中较为突出的包括:密歇根州立大学的 John Besley 和得州奥斯汀分校的 Anthony Dudo 对科学家与公众的关系、对公众的看法[23,24],尤其是对科学家在科学传播中的参与行为和意愿的研究[25];威斯康辛大学麦迪逊分校的 Dominique Brossard 在公众参与中的社交媒体[26],尤其关注公众对

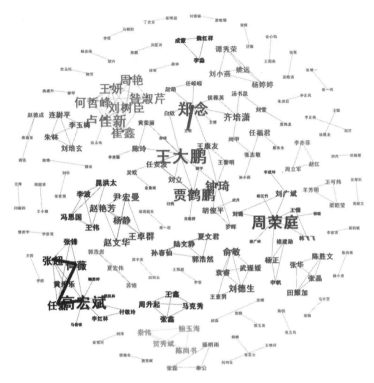

图 4 近十年中国知网中科学传播领域作者的合作网络

图 5 近十年 WoS 中科学传播领域作者的合作网络

转基因技术和合成生物学技术态度的研究[27-28]；东俄勒冈大学的 Peter Geissinger 和威斯康辛大学的 Anja Blecking 团队在大学化学课程中学生素质的测量研究[29]等。

值得注意的是，近年来国内研究者在国际期刊发表中逐渐崭露头角，并组成了稳固而高效的合作团队，大量产出高质量研究论文，例如中国科学技术大学的周荣庭和 Fahad Asmi 团队在气候变化科学传播方面的研究[30-31]，以及苏州大学的贾鹤鹏、杨正和罗茜团队对新冠疫情中的公众态度[32]、行为[33]所进行的一系列研究等。

3.2.4　国家和地区间的科研合作

科学传播研究者在国际合作中形成了较为密集的跨国、跨地区合作网络（如图 6 所示）。其中，中国、韩国等科学传播发展较快的亚洲国家和地区，与美国、英国和澳大利亚等英语系国家形成了较密的网络连接（图 6 中 a 区域）。西欧的发达经济体如德国、丹麦、法国、意大利和瑞典同样形成了密集的合作群（图 6 中 b 区域）。另外，中东欧地区的国家如波兰、捷克、拉脱维亚、罗马尼亚、斯洛文尼亚和土耳其则形成了较为稀疏但相对独立的合作群（图 6 中 c 区域）。

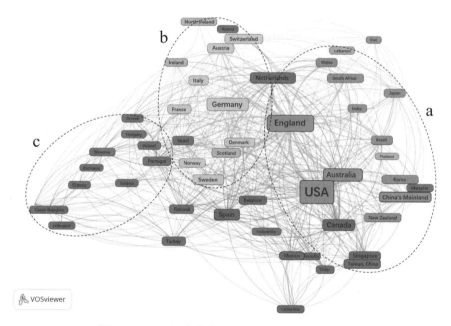

图 6　WoS 中科学传播领域的国际合作网络

3.3　研究内容和主要议题

为了追踪科学传播领域的主要研究内容和研究方向，本研究将采用关键词共词分析的方法，对国内外发表的相关文献中的关键词进行共现分析，通过共词网络中的重要节点以及节点的聚类来定位此领域近十年的主要研究方向。

3.3.1 国内文献的关键词聚类

利用 VosViewer 工具对中国知网中相关文献的关键词进行共词分析并进行可视化和聚类,得到图7。由图7可知,近十年中,科学传播在国内主要包括6个主要研究领域,分为理论框架、传播载体、受众和应用四个主要层面,即科学传播前沿理论研究(Ⅰ聚类),科学传播媒介(Ⅱ聚类),科学素质建设和科学教育(Ⅲ聚类),以及自新冠疫情爆发后的健康传播和应急科普议题(Ⅳ聚类)。其中,科学传播媒介又可分为科普出版物和科普节目(Ⅱa 聚类),科普新媒体(Ⅱb 聚类)以及科普场馆和科普活动研究(Ⅱc 聚类)。

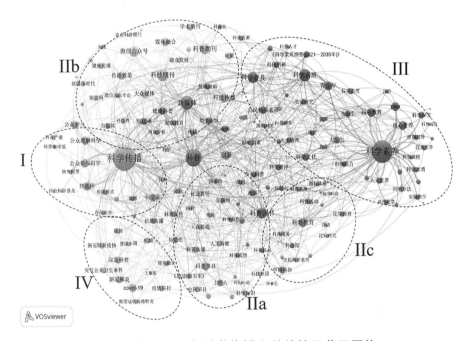

图7 中国知网中科学传播文献关键词共词网络

Ⅰ聚类:在理论研究方面,从早期旨在教育公众的缺失模型到民主多元的公众参与模型等多种传播模式[34-35],从科学传播中的受众和科学家关系到科学传播中行为主体的研究和实践路径[36],相关的理论研究者不但对既有理论开展了系统性的溯源、对比和反思[37-38],还引入了行动者网络理论[39]和边界设置[40]等多种理论从不同理论视角重新审视科学传播。

Ⅱa 聚类:就传统媒体而言,过去十年中涌现了一批脍炙人口的科学传播作品;其中电视媒体因其视听兼备的综合特性,成为我国公民获取科学知识的主要渠道和我国科学传播的主要阵地之一[41]。国内学者对《加油!向未来》[42]《未来架构师》[43]

《最强大脑》[44]等一系列优秀科普节目进行了详尽解读,也为电视媒体科学传播的优化调整提供了借鉴。

Ⅱb聚类:受益于近十年新媒体技术的快速发展,由个体、机构和平台主导的各类科普新媒体层出不穷,科学传播产生了越来越大的影响。这些媒体也进入了科学传播研究者的视野,例如对微信公众号[45]中的科普自媒体、果壳网[46]等专业科普机构、抖音短视频[47]等开展的研究。

Ⅱc聚类:自2002年《中华人民共和国科学技术普及法》颁布实施以来,科普场馆是公众尤其是青少年直接参与科普的重要基础设施和科普活动推动力量,而由中国科学技术协会开展的"全国科普日"等科普活动已建设成为科学传播的全民科学"嘉年华",影响力和传播力显著,因此对科普场馆的创新设计[48]、功能定位[49]的讨论,以及由科技馆力主举办的展教活动的实践和形式层面的实证研究等[50-51],近年来越来越成为科学传播中的重要议题。

Ⅲ聚类:科学传播与科学教育虽然在实践和应用层面具有一定的区别,但是二者在理论框架和认识论层面又有深度的融合,尤其在科学素质这一共同议题之下[52]。因此科学教育长期以来一直在科学传播中占有一席之地[53]。此外,基于科学素质行动规划纲要的要求,在近十年中,全民科学素质建设被视作科学传播研究的焦点之一。如何推动公众科学素质提高以达到纲要中的要求,是包括科协在内的整个科学传播界着力解决的问题。

Ⅳ聚类:自新冠疫情爆发以来,健康传播以及应急科普成为科学传播的一个迫切议题,除了科学传播框架嵌入等理论层面的剖析外[54],还包括大量的实践总结和指导性研究,如科学家在疫情中利用自媒体平台开展科学传播的内容、模式和回应策略等操作层面的研究[55],借助近年来获得大量用户以至于成为全民级应用的短视频平台进行的科学传播实证研究[56],以及向外延伸的对于如何利用科普短视频打破科学传播的知识壁垒,改善科学共同体形象并加强公众参与的探索等[57],都为实现科普内容的应急传播和公民科学素质的提升打下了坚实的基础。

3.3.2 国外文献的关键词聚类

国外科学传播文献中的关键词共词网络和聚类如图8所示。由图8可知,近十年来,国外科学传播议题主要集中在4个方面,包括公众参与和公民科学(Ⅰ聚类),科学教育和科学素质(Ⅱ聚类),媒体中的科学呈现和公众感知(Ⅲ聚类),以及气候变化、生物技术、纳米技术等具体科技的传播和伦理问题(Ⅳ聚类)。

对比国内外的科学传播议题可以发现,二者在一些方面有重合,例如科学教育、科学素质和公众参与等。然而国内外的议题范围更多呈现的是不同之处。首先,与国内将科技馆创新作为重要的核心议题不同,国外文献在近十年中并未将其作为核心议题进行讨论,而这与国内外科学传播的背景、现状和具体国情均有关。其次,议题方面一个重要的区别是,国内在2021年底之前就有大量的文献探讨了与新冠相关的应急科普和健康传播,而国外文献却涉及较少,或许是因为国外疫情爆发相对中国滞后,并且论文在写作和投稿中的时间存在延迟,同时也要考虑到大量文献选择在arXiv等平台发布而未收录到本研究所检索的数据库中,因而与新冠相关议题并未在2021年的WoS文献中有所体现。但根据数据检索中的观察,2021年以后,国外有大量与新冠相关的科学传播论文发表,可见在新冠疫情议题上国内外都具有较高的研究热情。另外,国外文献针对气候变化和科技伦理的探讨颇多,且在公众参与和公民科学的理论和实践层面均着墨较多,而国内对上述议题交流不多。

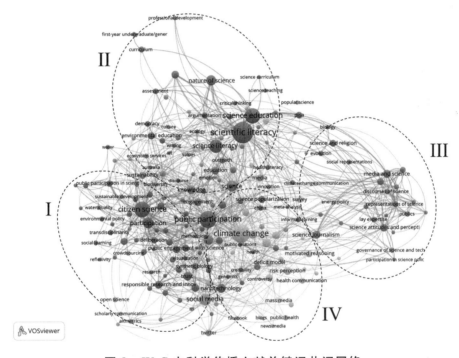

图8　WoS中科学传播文献关键词共词网络

4　结论与启示

本研究采用文献计量学的研究方法和共词分析、知识图谱等分析手段,对近十年中外科学传播领域期刊论文的发展概况、学科建制、研究内容和主要议题等方面进行了深入剖析并发现:

(1) 近十年国内科学传播领域的发文量保持相对平稳,在新冠疫情发生后出现明显上升,而国外的相关研究论文数量呈平滑、单调上升趋势。

(2) 关于科学传播近十年的学科建制发展,在研究机构层面,国内机构中形成了4类具有代表性的研究机构,分别反映了来自不同研究背景和研究范式的跨学科融合;而国外研究机构中,英、美两国的发文量呈现优势地位,且各自内部形成较为紧密的合作网络,具有一定的独立性;在学术期刊方面,国内外的专门学术期刊在不断地积蓄力量,且受益于公众对新冠疫情的关注而增大了影响力;但国内科学传播期刊仍处于相对较为弱势的地位,学科建制化发展空间巨大;在作者合作网络方面,国内外均形成较为紧密的合作网络,尤其是跨机构的合作网络在国内外研究中均有呈现,相关学术共同体逐步成形;在国家与地区合作方面形成了三个一定程度上的地理子聚类。

(3) 在研究内容和主要议题方面,国内的科学传播研究内容集中于4类主要议题,即科学传播前沿理论研究,科学传播媒介(科普出版物和科普节目、科普新媒体、科普场馆和科普活动研究),科学素质建设和科学教育,以及自新冠疫情爆发后的健康传播和应急科普研究;国外的科学传播议题主要包括,公众参与和公民科学,科学教育和科学素质,媒体中的科学呈现和公众感知,以及具体科技领域的传播和伦理议题等。

参 考 文 献

[1] 中国科学院科学传播研究中心.中国科学传播报告(2021)[M].北京:科学出版社,2021:134.

[2] 张馨文,诸葛蔚东.近十年公众理解科学的研究热点与趋势分析:以对2005—2014年《公众理解科学》(Public Understanding of Science)的文献分析为例[J].科普研究,2017,12(1):12-21,94,106-107.

[3] 王国燕,岳朦朦.管窥科学传播的十年国际研究趋势蝉变:基于SSCI期刊 Science Communication 2008—2017年文献分析[J].科普研究,2018,13(5):5-11,39,106.

[4] 王晨阳,褚建勋.议题、网络与差异:管窥科学传播研究的知识图谱(2000—2019)[J].科普研究,2021,16(1):65-75,85,99.

[5] 韩扬眉,诸葛蔚东.气候传播研究的国际前沿现状与趋势分析:以《公众理解科学》和《科学传播》为研究样本(2006—2015)[J].科普研究,2017,12(4):17-24,76,104.

[6] 方可人,喻国明.参与式科学传播:公民科研的国际实践:基于知识图谱范式的分析[J].东南学术,2020(4):205-217,248.

[7] 凡庆涛,袁汝兵,周雷,等.国外科学传播与普及研究的知识图谱与热点主题:基于SCI和SSCI的文献计量分析(1999—2018年)[J].科普研究,2019,14(4):24-33.

[8] 郑博临.我国科学传播研究的脉络演进(1998—2020):基于科学知识图谱的可视化分析[J].文化与传播,2021,10(2):54-59.

[9] Chen C. Searching for intellectual turning points: Progressive knowledge domain visualization[J]. Proceedings of the National Academy of Sciences,2004,101(suppl 1):5303-5310.

[10] Chen C. CiteSpace II: Detecting and visualizing emerging trends and transient patterns in scientific literature[J]. Journal of the American Society for information Science and Technology,2006,57(3):359-377.

[11] Van Eck N J,Waltman L. Text mining and visualization using VOSviewer[J]. arXiv preprint,2011,arXiv:1109.2058.

[12] 田松.科学传播:一个新兴的学术领域[J].新闻与传播研究,2007(2):81-90,97.

[13] 翟杰全,陈双双.科技传播学:历史渊源和学科发展[J].科技传播,2015,7(5):11-15.

[14] 赵德成,黄亮.中国四省市与新加坡学生科学素养表现之比较:基于PISA2015数据的分析[J].北京师范大学学报(社会科学版),2018(2):23-31.

[15] 冯其器.科教类电视节目如何实现科学传播:"走进科学"等栏目的策划分析[J].中国记者,2012(5):87-88.

[16] 刘基伟,闵素芹,李少鹏.基于ZINB模型的科普微博互动性影响因素探究:以新浪微博"科普君Xueshu"为例[J].数学的实践与认识,2019,49(9):100-106.

[17] 陈星豫,王朝阳.从挪用到互融:公共卫生事件科普报道中科学话语的构建[J].青年记者,2021(21):56-57.

[18] 陈曦.失位与归正:健康科普类短视频创意误区探析[J].当代电视,2021(3):86-89.

[19] 杨婧,金兼斌.传播与解读的博弈:基于转基因科普文本的评论分析[J].华中农业大学学报(社会科学版),2020(1):143-152,169-170.DOI:10.13300/j.cnki.hnwkxb.2020.01.017.

[20] 张芳喜,张增一.科学家形象研究:现状与问题[J].自然辩证法研究,2014,30(10):70-75.

[21] 孙静,汤书昆.新媒体环境下"微信"科学传播模式探析[J].科普研究,2016,11(5):10-16,97.

[22] 朱学娟.新媒体时代气象科普知识的传播[J].青年记者,2018(8):32-33.

[23] Besley J C,Nisbet M. How scientists view the public, the media and the political process[J]. Public understanding of science,2013,22(6):644-659.

[24] Besley J C,Dudo A,Yuan S. Scientists' views about communication objectives[J]. Public Understanding of Science,2018,27(6):708-730.

[25] Besley J C,Dudo A,Yuan S,et al. Understanding scientists' willingness to engage[J]. Science Communication,2018,40(5):559-590.

[26] Su L Y F, Scheufele D A, Bell L, et al. Information-sharing and community-building: Exploring the use of Twitter in science public relations[J]. Science Communication, 2017, 39(5): 569-597.

[27] Rose K M, Korzekwa K, Brossard D, et al. Engaging the public at a science festival: findings from a panel on human gene editing[J]. Science Communication, 2017, 39(2): 250-277.

[28] Akin H, Rose K M, Scheufele D A, et al. Mapping the landscape of public attitudes on synthetic biology[J]. BioScience, 2017, 67(3): 290-300.

[29] Gerlach K, Trate J, Blecking A, et al. Valid and reliable assessments to measure scale literacy of students in introductory college chemistry courses[J]. Journal of Chemical Education, 2014, 91(10): 1538-1545.

[30] Asmi F, Anwar M A, Zhou R, et al. Social aspects of "climate change communication" in the 21st century: a bibliometric view[J]. Journal of Environmental Planning and Management, 2019, 62(14): 2393-2417.

[31] Anwar M A, Zhou R, Sajjad A, et al. Climate change communication as political agenda and voters' behavior[J]. Environmental Science and Pollution Research, 2019, 26(29): 29946-29961.

[32] Yang Z, Luo X, Jia H. Is it all a conspiracy? Conspiracy theories and people's attitude to COVID-19 vaccination[J]. Vaccines, 2021, 9(10): 1051.

[33] Jia H, Luo X. I wear a mask for my country: Conspiracy theories, nationalism, and intention to adopt COVID-19 prevention behaviors at the later stage of pandemic control in China[J]. Health Communication, 2021: 1-9.

[34] 周荣庭,柏江竹.新冠肺炎疫情下科技馆线上应急科普路径设计:以中国科技馆为例[J].科普研究,2020,15(1):91-98,110.

[35] 楚亚杰,梁方圆.科学传播的公共参与模式分析:以NASA社交媒体表现为例[J].全球传媒学刊,2019,6(4):54-69.

[36] 陈思睿.科技期刊参与科学传播的理论构想与实现路径[J].科技与出版,2019(10):112-116.

[37] 贾鹤鹏,闫隽.科学传播的溯源、变革与中国机遇[J].新闻与传播研究,2017,24(2):64-75,127.

[38] 贾鹤鹏,苗伟山.科学传播、风险传播与健康传播的理论溯源及其对中国传播学研究的启示[J].国际新闻界,2017,39(2):66-89.

[39] 尚智丛,谈冉.行动者网络理论视域中的科学传播[J].自然辩证法研究,2021,37(12):52-58.

[40] 杨正.科学权威、意识形态与科学传播:基恩"边界设置"理论研究[J].自然辩证法研

究,2020,36(5):85-91.

[41] 谢广岭,周荣庭,朱婧婷.信息化背景下电视科普栏目创新途径研究[J].科普研究,2015,10(1):56-65.

[42] 程前,刘逍潇.《加油！向未来》:电视媒体科学传播的创新表达[J].中国电视,2016(11):38-41.

[43] 张虹.电视科教节目的新功能与新形态:以《未来架构师》为例[J].青年记者,2018(14):74-75.

[44] 张国涛,张陆园.科学传播、电视表达与大众参与:从江苏卫视科学真人秀节目《最强大脑》谈起[J].当代电视,2014(5):24-25.

[45] 科普类自媒体科学传播的创新策略:以"中科院物理所"微信公众号为例[J].青年记者,2021(16):112-113.

[46] 朱鸿军,季诚浩.扩散、参与和生产:科学传播范式的演进:以果壳网为例[J].传媒,2015(23):70-73.

[47] 周一杨.科普短视频在科学传播中的应用研究:以抖音号"科普中国"和"回形针"为例[J].新闻爱好者,2021(7):88-90.

[48] 苏昕,王家伟.以儿童视角创设真实世界的生活情境:浅析科技馆儿童展厅创新设计理念[J].自然科学博物馆研究,2021,6(2):22-29,88.

[49] 聂海林.科技类博物馆公众参与型科学实践平台建设初探[J].科普研究,2016,11(1):56-62,98-99.

[50] 黄荣根.科技馆科普展教活动开放性与外延性的实践与探讨[J].科技通报,2015,31(10):273-277.

[51] 冯庆华,张维.科技馆拓展性科普教育活动开发的实证研究:以浙江省科技馆"AST Space"为例[J].科普研究,2016,11(2):65-71,99.

[52] 孙宇,张园.科学传播、科学教育与全民科学素质培养[J].学术界,2012(5):134-142,287-288.

[53] 宋娴.美国科学传播体系构建:科学教育和公众传播的双重路径[J].外国中小学教育,2016(11):25-31.

[54] 余红,余梦珑.信息补贴与信息偶遇:复杂公共议题中科学传播框架嵌入研究[J].情报杂志,2022,41(4):119-127.

[55] 李明德,张玥,张帆,等.疫情科学信息传播内容特征、模式、回应策略及优化路径:基于10名科学家相关热门微博的内容分析[J].情报杂志,2022,41(3):133-142,190.

[56] 余潜飞.科普类短视频的发展现状与趋势:关于新冠疫情期间典型传播案例的分析[J].中国广播电视学刊,2020(7):105-107.

[57] 王聪,郭晗,杨茜.新冠肺炎疫情下科普短视频中的科学形象:以抖音平台上有关疾控中心论文事件的短视频为例[J].科普研究,2021,16(1):24-31,96.

Ongoing Science Communication in Last 10 Years: A Bibliometric Review of the Research Progresses

ZHOU Rongting[1], WANG Dong[1], BAI Jiangzhu[1]

1) Department of Communication of Science and Technology, University of Science and Technology of China, Hefei 230026

Abstract Science communication is the human communication activities of sharing information related to research and development of science and technology to promote the communication between the scientific community and the public and to advance public engagement, and is also the field of research and practice of the citizen scientific literacy improvement. In the context of COVID-19, its importance and research value are becoming increasingly prominent. To elaborate the development of science communication in home and abroad in the recent ten years, to track forefront research progresses and to detect the differences and gaps between domestic and foreign studies, this article uses the bibliometric methods, the co-words analysis and knowledge map, to profile the publications in the field of science communication, and to illustrate the development of the disciplinary institution of science communication from several dimensions including institutes, exclusive journals, authors, countries and areas. At last, this research analyzes and visualizes the research content and themes in this field with the co-word analysis, in order to provide reference and inspiration for researchers, practitioners and even the public interested in science communication.

Key words communication of science and technology; science popularization; knowledge map; research topics

---

作者简介

周荣庭,博士,教授,博士生导师,主要研究方向为网络与新媒体、科学传播、科学教育、科技哲学等。

王懂,中国科学技术大学科技传播系博士研究生。主要研究方向为科技伦理、科学传播和科研管理。

柏江竹,中国科学技术大学科技传播系博士研究生。主要研究方向为科学传播和科技哲学。

中国公民科学素质建设：
科学教育视角下的审视

王国燕[1]　王伶妃[1]　袁玥琪[1]

1) 苏州大学传媒学院，苏州　215123

摘　要　2021年6月25日，国务院发布《全民科学素质行动计划纲要(2021—2035年)》，计划到2035年公民具备科学素质的比例达到25%。本文以旧纲要(2006—2010—2020年)执行期间历次公民科学素质调查结果为基础，从科学教育视角分析了公民科学素质建设的现状和阻碍，试图为新纲要的实施和公民科学素质的进一步提升提供借鉴。数据分析表明，旧纲要执行期间公民科学素质持续提升，2020年我国公民具备科学素质的比例已达到10.56%。其中受教育程度越高，公民科学素质水平越高。互联网逐渐成为公众获取科技信息的主要渠道，科技场馆的参观人数虽有增加但依旧有限。长期文理分科、应试教育、城乡教育的不均衡等因素影响了正规科学教育的效果。而非正规学习以单向传播和知识主导型为特征，缺乏公众参与。未来应该进一步落实和完善教育体制改革，建立和健全社会科普激励机制，以及推进精准化的公众参与。

关键词　公民科学素质；新纲要；科学教育；正规学习；非正规学习

1　引　言

2021年6月25日，国务院发布《全民科学素质行动规划纲要(2021—2035年)》(新纲要)，计划到2035年我国公民具备科学素质的比例达到25%。最新一次全国性调查显示，2020年我国公民具备科学素质的比例达到10.56%，虽然这已经达到了《全民科学素质行动计划纲要(2006—2010—2020年)》(旧纲要)设定的10%的目标,但是我国公民科学素质依旧总体偏低,美国的公民科学素质在1988年就已经接近10%[1]。目前我国与发达国家依旧存在较大差距,而公民科学素质是建设创新型国家和提高国家竞争力的基础[2],因此,提高公民科学素质非常迫切和关键。

研究发现,教育是影响公民科学素质水平的核心因素[1,3],有学者认为教育是有效提高公民科学素质最根本的途径[4]。在预测科学素质方面学校特征也很重要[5],比如学校社会经济地位[6]、学校资源[7]、教师质量[8]等。除此之外,21世纪是终身学习的时代,欧洲委员会认为仅靠正规教育制度无法应付现代社会的挑战,非正规学习和教育也很重要[9]。非正规科学教育资源的使用已被证明与公民科学素质提升呈正相关,如科学杂志、科学博物馆、科学网站等[10]。

基于提高公民科学素质的必要性以及教育的重要影响,本文将从科学教育角度切入来探讨我国公民科学素质的建设情况。具体来说,本文将以旧纲要执行期间历次公民科学素质调查为基础,从正规和非正规学习两方面切入,试图了解我国公民科学素质的建设现状,挖掘其中的阻碍因素,为新纲要的实施提供一定的借鉴。

2 核心概念的界定

2.1 公民科学素质

科学素质的概念起源于科学教育领域,由美国教育改革家科南特(Conant)[11]于1952年提出。他指出,科学素质是一种明智地选择专家,以及能够聪明地与那些正在发展科学并应用科学的人交流的能力。科学教育专家赫德(Hurd)[12]后来讨论了科学素质对美国学校的意义,将其定义为对科学的理解及其在社会中的应用。几十年后,米勒将科学素质定义为一个包含科学术语和概念的词语、对科学过程的理解以及对科学技术对个人和社会影响的认识的三维结构[13]。1993年,联合国教科文组织首次提出"公民科学素质"的概念,将其定义为现代公民必备能力的一个指标[14]。从这时开始,科学素质才经历了从教育议题到政策议题,学校教育到全民终身学习的发展历程[15]。

2006年,我国颁布的旧纲要对科学素质概念做出了"了解必要的科学技术知识,掌握基本的科学方法,树立科学思想,崇尚科学精神,并具有一定的应用它们处理实际问题、参与公共事务的能力"(四科两能力)的界定,标志着在我国科学素质概念的内涵正式确立。2021年发布的新纲要对科学素质的定义与旧纲要基本保持一致,但在四科的位置安排和功能认识上有所区分。具体来说,新纲要将科学精神放在首位,其次是科学思想和方法,而科技知识处于末位。关于功能,新纲要调整为分析判断事物和解决实际问题的能力。任定成[16]认为这种优先性的变化反映了我国对科学素质的重视发生了从"硬实力"到"软实力"的转变,而能力的调整则从实用性转为基础性。张增一[17]则认为新定义考虑到了当前公民新的科学素质水平和互联网新环境。

2.2 正规学习和非正规学习

经济合作与发展组织(OECD)①和欧盟委员会将学习分为正规学习(formal learning)和非正规学习(informal learning)。"formal learning"一词有两种译法,一种是"正规学习",另一种是"正式学习"。学者杨晓平[18]综观国内相关研究,认为两者只是译法不同,没有本质的区别,可以互换使用。本文采用正规学习的译法。与此同时,还有些学者采用两分法,把学习分为正规学习(formal learning)和非正规学习(informal learning)。张艳红等[19]学者认为二分法主要来自教育技术领域和科学教育领域,而三分法主要来自成人与职业教育领域中终身学习的概念。由于本文的研究视角是科学教育,因此采取二分法。

美国学者克罗斯(Cross)[20]将正规学习比喻成乘公共汽车:司机决定公共汽车要去哪里,乘客们再一起乘车;而非正规学习就像骑自行车:骑手选择目的地、速度和路线。余胜泉和毛芳[21]认为正规学习主要指在学校的学历教育和参加工作后的继续教育,而非正规学习指在非正规学习时间和场所发生的、通过非教学性质的社会交往来传递和渗透知识,由学习者自我发起、自我调控、自我负责的学习。

在科学领域,惠灵顿(Wellington)[22]认为正规的科学学习的主要特点是有组织、有计划、有证书、以教师为中心、强制的,而非正规的科学学习则相反。刘文利[23]则从学习的形式、结构、评价、场所、计划、法律约束等方面对两者进行区分,简单而言,她将发生在课堂之外的其他场所的学习统称为非正规学习。张宝辉[24]把非正规科学学习视为一种自由选择学习,类型包括场馆学习(博物馆、科技馆、动物园、植物园等)、日常生活学习(看电视、发展个人兴趣、读书、购物等)和课外小组学习(科技活动小组等)。

---

① 经济合作与发展组织[Organization for Economic Co-operation and Development,简称经合组织(OECD)],是由38个市场经济国家组成的政府间国际组织,旨在共同应对全球化带来的经济、社会和政府治理等方面的挑战,并把握全球化带来的机遇。

3 公民科学素质建设现状

3.1 基本情况

我国在 20 世纪 90 年代初引入了国外的科学素养概念,并于 1992 年进行了第一次相关调查,到目前为止共进行了 11 次公民科学素质的全国性调查。调查显示我国的公民科学素质总体呈增长的趋势,2006 年前增长速度较慢且存在波动,而 2006 年之后增长速度变快且持续上升。自 2006 年旧纲要执行以来,公民科学素质提高了 8.96%,圆满完成了原先设定的 10% 目标。

3.2 正规科学学习

米勒[1]发现公民科学素质两个最强的预测因素是教育程度和大学科学课程的接触程度,任磊等[3]构建的影响因素模型指出教育水平影响程度最高。基于公民科学素质调查的项目,该部分将展现与正规科学学习直接相关的学历变量,城乡、年龄等与教育相关的背景变量以及所对应的公民科学素质。

根据公民科学素质调查的数据分析发现,大学本科及以上教育程度的公民科学素质水平一直是最高的,在 2020 年达成了 38.89%。初中与小学及以下群体的科学素质水平低于全国平均水平 10.56%,特别是小学及以下群体差距依旧很大。一般来说,如果公民受教育程度降低,那么科学素质水平也会是降低的,教育程度是公民科学素质的重要影响因素。不同教育程度的比例均有提升,但相对而言大学本科及以上、大专的提升幅度相对较小,其他三个教育程度的群体提升空间依旧很大。

从城乡分类来看,城镇居民科学素质水平从 2005 年的 3.06% 提升到 2020 年的 13.75%,而农村居民则从 0.38% 提升到 6.45%,城乡发展不平衡。从年龄分层看,中青年群体的科学素质水平较高,这些年各年龄段科学素质水平均有不同程度的提升,其中 18~29 岁年龄段提升的速度最快。老年群体水平偏低,应进一步完善终身学习体系,加强对科学素质薄弱群体的教育、传播和普及工作。国家意识到老年群体科学素质的重要性,在新纲要中新增了专门的老年人科学素质提升行动,而旧纲要四大行动中尚未注意老年群体。

3.3 非正规科学学习

对应到公民科学素质调查的具体指标,本文对于非正规科学学习的讨论主要集中在一级指标"公民的科技信息来源"下的"公民获取科技发展信息的渠道"和"公民参观利用科普场所的情况"两个二级指标[25]。我国公民获取科技信息的主要渠道选择最多的始终是电视,但选择互联网及移动互联网的公民比例呈现持续上升趋势,在2020年达到了74%。虽然在2020年也没有超过电视(85.5%),但是49.7%的公民将互联网及移动互联网作为首选渠道,相应选择电视作为首选渠道的公民只占31.9%。总的来说,互联网及移动互联网的作用越来越重要。2015年前,选择报纸的公民比例仅次于选择电视的,但在2015年,选择互联网的公民比例超过选择报纸的公民比例,跃居第二位。2018年及以后,选择与亲友同事或与他人交谈的公民比例也超过选择报纸的公民比例。虽然选择报纸的公民比例有过上升,但是总体趋势是下降的。选择广播、期刊杂志和图书来获取科技信息的公民比例一直较低。

参观科普场所也是非正规科学学习的一个重要内容。动物园、水族馆和植物园一直是公众参观的热门场所,在调查中位于公民选择的榜首,紧随其后的是图书馆,自然历史博物馆和科技馆位列第三位和第四位。2005年,只有9.3%的人参观了科技馆,56%的人因为当地没有科技馆而未去参观[26]。相比之下,到2020年,得益于科技馆数量的增加,科技馆参观率已经上升到37.2%。2019年,全国共有科技馆1477座,平均每94.79万人拥有1座科技馆[27]。但学者发现与美国相比,我国人均科技馆数量偏低,在地域上的东西分布、城乡分布不平衡的问题依然突出[28]。总体来看,参观科技场馆的比例有限。

4 科学素质提升的阻碍

4.1 应试教育和文理分科

我国是一个"考试国家",从古代的科举考试到当代的高考,考试一直是塑造我国教育的重要力量[29]。科举制度始于隋朝(公元581—618年),结束于1905年,用于选拔官员。之后,高考成绩一直是学生进入大学的核心标准。教育部门对学校考核的标准亦是唯分数论,即以考入重点高中和大学的人数来评判一个学校的知名度和发放教师奖金。因此,我国教师大多只注重向学生灌输科学知识,而忽视了科学方法和科学精神的培养,使学生沦为学习和考试的机器。目前我国科学教育存在目标功利化、教学内容片面化等问题[30]。魏红等人[31]认为当前青少年的应试教育不利于科学素质的发展。虽然2017年小学科学课程改革强调探究性教学和STEM教育,但实施效果并不理想。比如存在教学中往往忽视科学探究、实验教学效率差等问题[32],影响因素则包括实验器材缺乏、教师专业水平和科学素质不高、课程评价标准单一等[33-34]。

教育学家朱永新[35]认为,文理分科是我国基础教育的毒瘤,导致了理科生人文素养的缺失,文科生科学素养的缺失。任磊等人[3]发现理科生的科学素质会高于相同教育水平的文科生,而且他们认为我国在高中阶段进行了文理分科,大学阶段未能进行通识教育,导致学生知识面过于狭窄。2014年,国务院取消了文理分科,各省分批先后启动新高考改革。有学者认为文理不分科的实施很可能会流于形式或顾此失彼、得不偿失[36]。新高考改革实施中存在很多问题。首先,课程组合方案供给有限,"变相分科"[37]。由于教室、教师等资源的限制,学校只能推出大众化组合方案,理想中的自由选课组合演化为固定套餐[37]。其次,科目选择和学习功利化倾向较重。结果之一是难学、难得高分的科目(如物理)被弃选,文科类科目选考人数增加[38-39];而且选考科目一旦获取理想分数,考生便不会再花更多的精力[40]。再者,高校招生录取依旧有专业限制。高校出于教育质量等的考虑,在专业录取时会有明显的文理区别[36]。其他问题则包括学生负担增加,操作更加复杂等。

应试教育利于科学知识和考试成绩的获取,但不利于满足公民科学素质的其他要求。具体来说,功利性的应试使得科学思想和科学精神的培养被忽视,而依赖于课程标准的考试知识点往往与真实社会问题有所脱离,不利于培养解决实际问题的能力。现实问题往往是复杂的,需要跨学科的知识应用。任友群等[41]学者对PISA测试结果的研究发现,我国学生长于静态问题解决和知识应用,但短于动态问题解决和知识应用。他们认为这与我国长期的分科化和知识点化的教育密切相关。分科化教育使得学生具备的知识和素质存在结构偏差,文科类学生在科学知识、方法等方面存在短板,而理科类学生易缺少科学对个人社会的影响、科学与人文关系的理解。

4.2 城乡科学教育发展不平衡

2005年,城乡公民具备科学素质的比例分别为3.06%和0.38%,而2020年两者分别为13.75%和6.45%,城乡差距虽然在减小但依旧较大。2020年农村人口占总人口的36.11%[42],农村是公民科学素质建设的短板。朱永新和王伟群[30]认为目前科学教育存在教育对象精英化的问题,城市和农村孩子的科学教育不均衡。

我国长期实行严格的城乡户籍分离的二元行政体制,而户籍制度与买房、教育等社会福利直接挂钩,比如非户籍地的学生需要缴纳一定数额的借读费。虽然如今户籍制度正在改革,但数以千万的流动儿童在流入地接受平等入学、升学的权利以及他们的社会融入问题依然严峻[43]。袁从领等人[44]认为城市的许多政策都具有明显的地方保护色彩,使得进城务工的农民工子女无法进入城市学校学习。而城市和农村的科学教育资源存在较大的差异,比如教育经费、实验设备、专业师资、教育理念、教育方式等。

具体来说,农村小学缺乏专业的科学教师,科学教师往往是兼职的,本身的教育水平较低。例如,张毓敏[45]发现,南昌市乡村小学69.6%的理科教师仅受过专科教育,80.28%的教师从事兼职工作。2015年,黄健毅和廖伯琴[46]预测未来5年小学科学教师短缺程度呈波浪式上升趋势,2020年短缺人数将占总需求的41%(127 878人),而农村地区缺口将更大,原因是乡村师资的紧缺。教育部公布的教育统计数据显示,2020年全国共有230 201名小学科学老师,而乡村地区仅占25.8%(59 491名)[47],城乡差距明显。此外,由于农村学校缺乏科学仪器和设备,实验课的教学水平低于官方标准,往往采用传统灌输式的知识传授模式,不利于探究和思维能力的培养。除了正规教育外,农村地区还缺乏科技馆、天文馆等非正规教育资源。此外,截至2021年12月,城市和农村地区的互联网普及率分别为81.3%和57.6%,而农村网民规模仅占总网民人数的27.6%[48]。因此,农村居民通过互联网获取科学信息的途径有限。有研究发现互联网的利用情况对公民科学素质的正向影响已经凸显[4,49]。

新纲要中明确表示虽然我国科学素质建设取得显著成绩,但科学素质总体水平偏低,城乡、区域发展不平衡。学者已证明公民科学素质最强的预测因素就是教育程度[1]。教育是提高公民科学素质的根本措施,而乡村科学教育资源的相对落后不利于我国公民整体科学素质的提高,乡村具备科学素质人数的低比例易成为整体素质提高的阻碍。

4.3 单向科学传播模式

2016年,习近平总书记强调将科学普及与科技创新放在同等重要的位置。目前科普工作总体上呈现"自下而上"的特征,地方政府听从上级指示,国家制定的相关政策中与科学受众的互动性并不明显[50]。

研究发现,科学传播是影响公民科学素质的重要因素[51-52]。科学传播主要有三种模型,即中央广播模型、缺失模型和对话模型[53]。中央广播模型是我国特有的模式,强调自上而下的命令式传播。缺失模型是专家与公众之间的一种单向沟通形式。而对话模型强调公众参与进行双向沟通。与对话模型相比,前两种模型强调知识从传者到受者的单向流动。如今,中央广播模型和缺失模型仍然是我国的主要实施模型,与公众的互动相对较弱[54]。吴琦来和罗超[55]发现在社会性科学议题中缺失模型的适用范围比较广泛,而对话模型并未真正开启。缺失模型的批评者认为该模型下拥有知识的社会精英可以"居高临下"给公众灌输科学[56],这种态度往往无法洞悉公众真正的需求和喜好,从而限制科学传播的效果。以转基因传播为例,贾鹤鹏和范敬群[57]发现科学家表现出知识强势,忽视了公众关切,科学信息与媒体传播之间存在错位。他们认为必须深刻反思现有的基于知识传播的转基因科普策略,把重点从"教育"公众转向系统性融合价值、信任与知识的公众参与科学模型上来。

我国科普活动或项目的开展大多是由国家政策推动、中国科协牵头、地方政府和责任部门联合实施的模式。我国科普活动形式大多是讲座和展览,比如"科普文化进万家""全国流动科技馆"和"科普中国·百城千校万村行动"。这些活动虽然覆盖面很广,但是依旧是自上而下的灌输式知识分享,公众并不能参与到社会事务或国家政策的制定和决策之中。王孝炯等人[58]认为当前我国公众理解科学、参与科学面临体制性障碍,一方面当前科技体制下科技领域的政策制定和风险评估基本由专家控制,另一方面公众被先入为主认为没有能力,因此在制度设计上就缺乏提供公平参与的平台。相比之下,目前国外的公民科学项目正在蓬勃发展,并被认为有利于获取科学知识和提高公民科学素质[59]。公众科学素质强调处理实际问题、参与公共事务的能力,普通公众参与社会事务机会的缺失不利于公民科学知识的获取和科学素质的提高。

5 深化科学素质建设的建议

在政府政策推动下我国公民科学素质在稳步提升,旧纲要的实施效果显著。但由于本身的起点较低,目前与发达国家相比依旧存在较大差距。加之科学正规教育和非正规教育存在局限,我国科学素质建设之路依旧任重而道远。

首先,落实和完善教育体制改革。一方面是应试教育改革。我国在20世纪末就强调素质教育,叶澜[60]认为其推动困难在于社会缺少与教育关联视角的改革,应试教育的强化与人事制度及招聘以学历和名校为基本和首要条件等有关。应试教育改革必须建立与素质教育配套的学校和社会的评价和晋升机制。社会改革必须与学校改革同步。另一方面是新高考改革和新文科建设。如今高中文理不分科已成趋势,而新文科建设在近几年受到国家重视,在国家大方向大方针政策下,应进一步细化和完善配套的执行方案。值得注意的是,教育改革必须平衡城乡差异,加大对乡村教育改革的重视和资源投入。

其次,建立和健全社会科普激励机制。在非正规科学教育中,目前科普活动依旧由政府主导,非政府组织和社会公众的参与不足。一方面,政府可与非政府组织合作。仅凭政府力量难以深入群众内部了解个性化、针对性的科学需求,政府应扶持民间组织、动员社会力量。例如,国外一些活动采取非政府组织主力、政府部门资助的模式,比如科学对话集会(Scientific Dialogic Gathering)。另一方面,搭建科普资源网络平台,通过一定激励机制促进社会各界开展科普或科学素质教育活动,吸引社会力量的介入。例如,依赖于市场化驱动的 B 站提供创作激励,以收入和奖牌荣誉刺激科普 UP 主进行科普内容的创作。

最后,推进精准化的公众参与。不同人群的公民科学素质存在差异,应该根据用户画像提供精准化服务。一方面,针对科学素质水平较高的群体,应该建立与科学家对话与合作的机制,搭建其参与科学决策的平台,让科学知识和科学决策不再束之高阁而真正为公众所及时了解、参与决策乃至解决公共问题。另一方面,针对科学素质偏低的群体,应该侧重"生活科学"的传播,先培养其对科学的兴趣和基础能力,为科学素质提升提供基石。"生活科学"与"学院科学"相对,具有与生活基本需求密切联系、将实用和工具性置于优先位置、突出感性和直观的作用、与社会知识紧密结合等特点[61]。公民科学素质建设不仅要重视"学院科学",更需要贴近现实需求的"生活科学"的积淀,后者对于普通公众是基础,前者是进阶。

当前中美两国在国际形势大格局中呈现持久博弈态势,而科技领域是竞争主战场,我国只有不断提高全民科学素质,才能真正实现科技强国战略,使我国在国际竞争中处于主动甚至主导地位。

参 考 文 献

[1] Miller J D. Civic scientific literacy in the United States in 2016[R]. International Center for the Advancement of Scientific Literacy:Ann Arbor,MI,2016.

[2] 罗晖,何薇,张超,等.动员全社会力量实现公民科学素质目标[J].科普研究,2015,10(3):5-8,39.

[3] 任磊,张超,何薇.中国公民科学素养及其影响因素模型的构建与分析[J].科学学研究,2013,31(7):983-990.

[4] 沈贵.论教育与我国公民科学素质建设[J].南京林业大学学报(人文社会科学版),2007(2):101-105.

[5] You H S, Park S, Delgado C. A closer look at US schools:what characteristics are associated with scientific literacy? a multivariate multilevel analysis using PISA 2015[J]. Science Education,2020,105(2):406-437.

[6] Perry L, Mcconney A. Does the SES of the school matter? an examination of socioeconomic status and student achievement using PISA 2003[J]. Teachers College Record,2010,112(4):1137-1162.

[7] Stanco G. Using TIMSS 2007 data to examine STEM school effectiveness in an international context[D]. Boston:Boston College,2012.

[8] Blank R K, De Las Alas N. The effects of teacher professional development on gains in student achievement: how meta analysis provides scientific evidence useful to education leaders[M]. Washington: Council of Chief State School Officers, 2009.

[9] Council of Europe. Compendium non-formal education[EB/OL]. (2012-01-30)[2022-05-05]. https://rm.coe.int/090000168077c10b.

[10] Miller J D. Civic scientific literacy: a necessity in the 21st century[J]. FAS Public Interest Report, 2002(1/2): 3-6.

[11] Conant J B. General education in science[M]. Cambridge: Harvard University Press, 1952.

[12] Hurd P D. Science literacy: its meaning for American schools[J]. Educational leadership, 1958, 16(1): 13-16.

[13] Miller J D. Toward a scientific understanding of the public understanding of science and technology[J]. Public Understanding of Science, 1992(1): 23-26.

[14] 刘萱. 从"科学素质"到"科学文化"[N]. 中国科学报, 2018-07-27(3).

[15] 郑美红, 任思睿, 任磊, 等. 公民科学素质中的科学精神及其测量[J]. 科普研究, 2021, 16(2): 24-31, 108.

[16] 任定成. 新起点、新目标与新举措:《科学素质纲要（2021—2035年）》解读[J]. 科普研究, 2021, 16(4): 18-24, 106.

[17] 张增一. "新"纲要新在何处?[J]. 科普研究, 2021, 16(4): 25-30, 106.

[18] 杨晓平. 正式学习与非正规学习之概念辨析[J]. 贵州师范学院学报, 2015, 31(5): 80-83.

[19] 张艳红, 钟大鹏, 梁新艳. 非正规学习与非正规学习辨析[J]. 电化教育研究, 2012, 33(3): 24-28.

[20] Cross J. Informal learning: an interview with Jay Cross[EB/OL]. (2010-08-28)[2021-10-02]. https://theelearningcoach.com/elearning2-0/informal-learning-an-interview-with-jay-cross.

[21] 余胜泉, 毛芳. 非正规学习: e-Learning 研究与实践的新领域[J]. 电化教育研究, 2005(10): 19-24.

[22] Wellngton J. Formal and informal learning in science: the role of the interactive science centres[J]. Physics education, 1990, 25(5): 247-52.

[23] 刘文利. 科学教育的重要途径—非正规学习[J]. 教育科学, 2007(1): 41-44.

[24] 张宝辉. 非正式科学学习研究的最新进展及对我国科学教育的启示[J]. 全球教育展望, 2010, 39(9): 90-92, 74.

[25] 何薇, 张超, 任磊, 等. 中国公民的科学素质及对科学技术的态度: 2020年中国公民

科学素质抽样调查报告[J].科普研究,2021,16(2):5-17,107.

[26] 科学技术部.中国科学技术指标2006[M].北京:科学技术文献出版社,2007.

[27] 凌纪伟.科技部发布2019全国科普统计数据:场馆基建支出增加明显[EB/OL].(2020-12-24)[2021-10-02]. http://www.xinhuanet.com/tech/2020-12/24/c_1126901882.htm.

[28] 熊思景.中美科技类博物馆类型与区域分布比较研究[J].科协论坛,2018(2):27-30.

[29] Yao J X, Guo Y Y. Core competences and scientific literacy: the recent reform of the school science curriculum in China[J]. International Journal of Science Education, 2018, 40(15): 1913-33.

[30] 朱永新,王伟群.新科学教育:从思想到行动[J].教育研究,2019,40(2):153-159.

[31] 娄山敏子,魏昊.贵州省公众科学素养影响因素分析[N].贵州日报,2007-08-22.

[32] 张静娴.全国小学科学课程实施现状的调查研究[D].扬州:扬州大学,2018.

[33] 潘洪建,张静娴.小学科学课程实施:成就、问题与政策建议[J].当代教育与文化,2018,10(4):39-45.

[34] 张丽霞.小学科学课程实施中存在的问题及对策研究[D].新乡:河南师范大学,2017.

[35] 朱永新.文理分科:中国教育的毒瘤[J].教育科学研究,2004(11):60.

[36] 谢宝富.新一轮高考改革政策的目标、问题及对策研究[J].国家教育行政学院学报,2015(2):54-59.

[37] 董秀华,王薇,王洁.新高考改革的理想目标与现实挑战[J].复旦教育论坛,2017,15(3):5-10.

[38] 詹真荣,熊乐兰.高考新政的回顾与展望:以浙江省"新高考"改革为例[J].社会科学战线,2018(10):268-272.

[39] 刘海峰.新高考改革的实践与改进[J].江苏高教,2019(6):19-25.

[40] 刘希伟.新试点高考招生制度:价值、问题及政策建议[J].教育发展研究,2016,36(10):1-7.

[41] 任友群,陈超,吴旻瑜,等.聚焦"问题解决",补齐我国公民科学素质"短板"[J].科学与社会,2016,6(2):9-17.

[42] 国家统计局.第七次全国人口普查主要数据情况[EB/OL].(2021-05-11)[2022-05-05]. http://www.stats.gov.cn/tjsj/zxfb/202105/t20210510_1817176.html.

[43] 韩嘉玲.新型城镇化背景下我国流动儿童教育的新挑战[J].教育家,2021(2):13-15.

[44] 袁从领,母小勇.教育公平下城乡小学科学教育的差异化探讨[J].教育理论与实践,2018,38(23):13-16.

[45] 张毓敏.核心素养视角下城乡小学科学教育对比研究[J].吉林广播电视大学学报，2020(6)：78-79.

[46] 黄健毅,廖伯琴.我国2016—2020年义务教育科学教师缺口量预测[J].教师教育研究，2015，27(4)：27-30.

[47] 教育部.小学分课程专任教师学历情况[EB/OL].(2021-08-28)[2022-05-05].http://www.moe.gov.cn/jyb_sjzl/moe_560/2020/quanguo/202109/t20210902_557954.html.

[48] 中国互联网信息中心.第49次《中国互联网络发展状况统计报告》[EB/OL].(2021-02-25)[2022-05-05]. http://www.cnnic.cn/hlwfzyj/hlwxzbg/hlwtjbg/202202/P020220407403488048001.pdf.

[49] 翟梦迪.基于结构方程模型的公民科学素质分析[D].昆明：云南财经大学，2017.

[50] 李天龙,张露露,张行勇.新媒体时代科学传播的困境与策略研究[J].现代传播(中国传媒大学学报)，2018，40(10)：80-84.

[51] 季良纲,张奕,张彩伢,等.影响公民科学素质水平的因素分析：基于江浙沪地区公民科学素质调查数据[J].科技通报，2018，34(5)：283-286.

[52] 陈慧,周余庆.基于结构方程模型的公民科学素质影响因素分析：以温州市为例[J].高等工程教育研究，2013(4)：88-93.

[53] 刘华杰.科学传播的三种模型与三个阶段[J].科普研究，2009，4(2)：10-18.

[54] 严洋,黄杏洁,倪昕.政务类微信公号转基因议题科学传播模型研究：以中国农业转基因管理微信公众号为例[J].传媒论坛，2019，2(9)：93,95.

[55] 吴琦来,罗超.我国社会性科学议题的科学传播模型初探：以"PX项目"事件为例[J].科学与社会，2019，9(2)：92-110.

[56] 翟杰全.科技公共传播：知识普及、科学理解、公众参与[J].北京理工大学学报(社会科学版),2008,10(6):29-32,40.

[57] 贾鹤鹏,范敬群.知识与价值的博弈：公众质疑转基因的社会学与心理学因素分析[J].自然辩证法通讯,2016,38(2):7-13.

[58] 王孝炯,汤书昆,刘萱.助力公共科学服务 提升公民科学素质[J].科学与社会，2016，6(2)：18-24.

[59] Bonney R, Phillips T B, Ballard H L, et al. Can citizen science enhance public understanding of science? [J]. Public Understanding of Science, 2016, 25(1): 2-16.

[60] 叶澜.素质教育推进现状及其原因辨析[J].教育发展研究,2011,31(4):1-5.

[61] 曾国屏,李红林.生活科学与公民科学素质建设[J].科普研究,2007(5):5-13.

Examining the Construction of the Civic Scientific Literacy from the Perspective of Science Education in china

WANG Guoyan[1], WANG Lingfei[1], YUAN Yueqi[1]

1) school of communication, Soochow University, Suzhou 215123

Abstract On 25 June, 2021, the State Council issued the *Outline of the National Scheme for Scientific Literacy* (2021—2035), aiming to reach the scientific literacy level of Chinese citizens to 25% by 2035. Based on the results of the surveys on civic scientific literacy (CSL) in China during the implement of the *Outline of the National Scheme for Scientific Literacy* (2006—2010—2020), this study analyzed the current situation and obstacles to the construction of CSL from the perspective of science education, attempting to provide reference for the implementation of the new outline. The results showed a steady growth in CSL during its implement period, reaching 10.56% in 2020. The higher the level of education, the higher the level of CSL. Moreover, the Internet is increasingly becoming the main channel for science information, and the number of visitors to science and technology venues has increased but remains limited. In China, the effectiveness of formal science education has been hampered by the long-term division of the arts and sciences, examination-oriented education, and the urban-rural gap. Further, informal education is characterized by a one-way and knowledge-based form, which lacks interaction with the public. In the future, we should further implement and improve the reform of the education system, establish and improve the incentive mechanism for social science communication, as well as promote precise public participation.

Key words civic scientific literacy; *Outline of the National Scheme for Scientific Literacy* (2021—2035); science education; formal learning; informal learning

作者简介

王国燕,女,博士,苏州大学传媒学院教授、博士生导师,研究方向为科学传播、科学教育、科学文化。邮箱:gywang@suda.edu.cn。

王伶妃,苏州大学传媒学院博士研究生。

袁玥琪,苏州大学传媒学院硕士研究生。

基金项目

2020年国家社科基金后期资助重点项目(20FXWA003)。

学前STEM教育的另类打开：C4L模式及其开展策略

董 艳[1)] 阳思雨[2)] 孟南夕[3)]

1) 北京师范大学 教育学部，北京 100875
2) 华中师范大学 人工智能教育学部，武汉 430070
3) 美国北得克萨斯大学 社会科学学院，美国 丹顿 76201

摘 要 近年来，STEM教育逐渐成为未来教育发展的大趋势，作为其核心议题的学前STEM教育也日益受到关注，如何在幼儿STEM教育活动中开展跨学科学习成为学前教育工作者面临的新挑战。美国自然科学基金支持的连接式学习（Connect 4 Learning，C4L）倡导数学、科学、读写能力和社会情感共同发展的4个学习领域，为STEM教育在早期教育教学中的有效落地提供了新思路与方法。本研究旨在通过对C4L模式的产生背景、内涵特征与应用价值等进行梳理与分析，尝试探索C4L模式如何与我国学前教育的发展相结合，破解STEM/STEAM教育在学前教育开展的困境，弥补幼小衔接中如幼儿教育小学化、儿童"失语"等关键问题，以期为我国学前STEM教育的跨学科学习研究与实践提供借鉴。

关键词 STEM教育；学前儿童；C4L；幼小衔接

1 引 言

STEM教育自20世纪80年代于美国兴起后，至今已在各国中小学得到广泛实施。我国于21世纪初期开始关注STEM教育，现阶段国内STEM教育实践的研究主要集中在中小学，针对学前STEM教育理念或实践的研究仍存在薄弱与不足[1-2]。学前阶段处于人生发展的奠基阶段，早期的STEM教育对培养儿童的综合能力与核心素养具有重要作用，能够为儿童适应未来的科学技术发展做好准备[3]。近年来，随着《国务院关于当前发展学前教育的若干意见》（国发〔2010〕41号）等政策文件相继颁布，学前STEM教育的学习价值被不断挖掘，随着交叉学科的不断涌现，强调幼儿STEM教育活动中的跨学科学习已经成为学前教育发展的新趋势。在全球教育不断发展的背景下，新的学前STEM教育模式连接式学习（Connect4Learning，C4L）应运而生。

对C4L模式进行深入研究与分析，能为我国学前教师有效开展STEM/STEAM教育提供重要参照依据，并对当前学前儿童STEM教育活动设计，以及促进跨学科学习的研究与实践提供良好的启示。同时，学前教育作为小学阶段的前奏，C4L模式可以为儿童的语言与情感发展提供有效的参与方式。

2 C4L模式的产生背景

在有关国家政策和教育研究的支撑下，STEM（科学、技术、工程和数学）教育不断发展与成熟，这也掀起了一场定义STEM教育的创新教育实践。这场STEM教育的倡导主要包含两种趋势，第一类观点主张在STEM教育原有的基础上进行一个或多个领域的添加，从而产生新缩写包括"STEAM""STREAM"；第二类观点认为，最好的教育方法是将已有领域和其他领域进行充分整合，这使得"整合式STEM"（Integrated STEM）、"跨学科式STEM（Interdisciplinary STEM）"等概念相继出现。然而研究表明，看似积极的STEM运动趋势，可能会对面向幼儿的STEM教育中的关键因素产生负面影响[4]。如"STEAM"尽管强调对艺术教育的包容，但对原有基础的扩展既削弱了STEM领域的连贯性，又排除了能为幼儿构建丰富跨学科教育经验的其他重要领域。而"集成式STEM""跨学科式STEM"这一跨学科和集成的一致性尚未演变为综合和设计教学的实践，无法完全整合STEM和其他领域的所有方面[5]。

2.1 传统学前教育阶段数学与科学学习领域的缺失

学前STEM教育作为STEM教育向儿童早期教育阶段的延伸，是保障儿童适应世界日益变化的关键，正受到世界各国的广泛关注[6-7]。在学习方式上，传统的学前教育中一直存在"以玩为主"和"以学为主"两种主要争论，而研究表明，高质量的教育与游戏之间不应该是竞争关系，而是相互促进的关系，二者能够共同提高学生的早期发展水平。在学习内容上，学前教育往往重视儿童的生活技能、语言技能、社会适应与交往技能、科学与艺术技能等板块。虽然数理能力的发展隶属于科学技能，但学前教育的教学实践往往在语言技能、数理能力上花费较多时间，而科学内容的占比较低。

在学前教育阶段,特别是4岁左右的儿童,已经对学习产生强烈兴趣并具备学习多种知识和技能的能力。研究发现,儿童的大脑在1～4岁时特别容易接受数学和逻辑的学习,儿童在学前阶段建立的大脑结构,为其终身思维技能和学习方式的发展奠定了基础[8],且早期系统性地学习科学的经验也能为学生以后在学校和职业生涯中取得成功奠定基础[9]。然而,国内外研究已经发现,许多学前教师并没有做好让学前儿童获得丰富的数学和科学学习经验的准备,教师在开发设计和组织与科学相关活动上所花费的时间最少[10],幼儿无法积极学习可用的科学内容。在传统学前教育中,数学与科学教学常被理解为简单孤立的活动,而这些活动能带给幼儿参与体验和发展未来学习所需的技能的机会非常有限。

2.2 幼小衔接中存在的问题

近年来,幼小衔接对于儿童发展的重大影响已受到了国内外学者的充分重视[11-12],但目前关于幼小衔接还存在将幼儿教育小学化、儿童"失语"现象等诸多问题。具体表现在许多学前教育工作者在教学方式上仍然实施分科教学,在幼儿园里过早开设小学语文、数学和英语等课程,或者片面追求幼儿游戏活动的设计而忽略了教学目的,使幼儿仍处于被动学习。此外,学前教育工作者的"幼小衔接"观念守旧落后,教师在教学内容上过于强调知识衔接,尤其是特别强调识字、算数等知识性内容的衔接,而忽视了幼儿生活适应、社会性适应、心理发展等方面的综合衔接。

3～6岁属于幼小衔接期,也是学前教育开展的关键时期。美国国家教育目标委员会于1997年提出的幼儿入学准备工作内容标准中,就明确强调幼儿能力和知识的准备需以能力准备为重点,并提出读写和初步的数学学习[13]。要培养"有准备的儿童",需要使之具备良好的学习行为习惯、自我管理能力、人际交往能力等[14]。因此,目前急需一种符合幼儿年龄特点、易于幼儿接受的教学模式,能在培养幼儿学习兴趣与习惯的同时,进一步发展言语表达和社会情感发展等能力,确保幼小衔接得以顺利进行。

2.3 连接式学习的产生

每个教学领域都需要独特的教学模式与策略,对传统STEM教育领域的再定义将可能突破现有的实践模式,为幼儿提供一个培养创造力和激发创新力的平台。如何保持定义STEM教育的创新教育实践的积极面,同时避免可能的消极面,这些问题仍亟待解决。此外,如果幼儿在学龄前缺乏有意义的、情境化的数学和科学参与,则可能错失学习这两类知识的最佳兴趣时期。在当前强调语言能力、社会情感发展能力的课程设置基础上,数学和科学学习应该与多个学习领域进行有效结合,来解决学前课堂中学科间相互竞争的问题,为幼儿提供高质量的学习体验。基于此,美国自然科学基金资助了多个与早期儿童发展研究相关的课程研发项目,最具代表性的就是丹佛大学创建的跨学科课程体系——连接式学习。

3 C4L 模式的内涵及其特征

连接式学习属于一种新型的跨学科幼儿课程体系,现已开发出丰富的配套学前课程与产品。C4L 的"4"指的是大多数学前儿童,即课程实施的目标群体是 4 岁左右的幼儿,同时也表明 C4L 强调 4 个领域:数学、科学、读写能力和社会情感发展。C4L 植根于最新的教学研究,其课程开发及组成部分主要基于课程研究框架[15],以期解决国内外大部分学前教育都倾向关注读写能力和社会情感发展而牺牲其他领域学习,尤其是数学和科学学科领域的学习问题,并进一步缩小教育差距。

学前 STEM 教育强调跨学科的整合教育[16],而连接式学习通过综合并强化数学和科学学习经验,将各学科之间在理论层次和方法层次上进行互相渗透与融合,并纳入各类观察机会和个性化教学策略,来开发和支持数学、科学、读写能力和社会情感发展这四个学习领域(图1)。

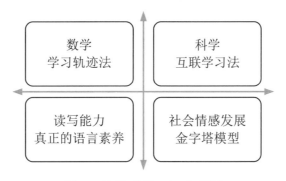

图 1 连接式学习四大领域

3.1 数学:学习轨迹法

学前儿童数学学习的早期核心指标包括数数、数的关系和数的运算等[17-18]。《幼儿园教育指导纲要》(试行)和《3—6 岁儿童学习和发展指南》中提出要引导幼儿对周围环境中的数、量、形、时间和空间等现象产生兴趣,建构初步的数的概念,并学习用简单的数学方法来解决生活和游戏中某些简单的实际问题[19-20]。C4L 模式中的学习轨迹法强调在儿童的自然活动中找到应用数学的例子,并通过使用引人入胜的故事、信息文本和游戏等形式对数学概念进行扩展,以儿童的学习经验和学习兴趣为基础,进一步支持数学思维和推理能力的发展。相关学者的研究[21]表明了学习轨迹法对提高学前儿童数学成绩和促进语言能力发展上都有着非常好的效果。

3.2 科学:互联学习法

学前科学教育应将培养幼儿的科学素养作为课程总目标,并注重科学知识内容的启蒙性和幼儿的直接感知与参与[22]。但目前的学前教育很少为儿童的科学学习提供这种基于核心概念的科学探索过程,即使提供,也是通过独立的活动进行孤立的展示,无法促进幼儿深度参与概念学习。C4L模式的互联学习法通过构建以科学为基础的课程规划框架,让幼儿参与生命科学、物理科学、地球和空间科学以及工程等概念学习,鼓励幼儿在长时间内对特定的科学概念进行批判性思考,并结合了包括观察、预测、比较、对比和实验的科学实践[23]。通过"亲手做"和"游戏"等探究学习过程,幼儿能够深入探索科学概念,体验科学实践和学习科学语言,同时增强教师和幼儿的课堂体验。

3.3 读写能力:培养真正的语言素养

读写能力包括学生在校内和校外都能根据相同目的进行阅读和写作[24],而语言素养的学习包括了基本领域中的语言表达和专门领域中的读写能力[25]。C4L模式主张培养幼儿真正的语言素养,使幼儿能自主进行学习信息、享受阅读乐趣和完成特定写作任务等语言技能运用,而不是简单关注识字技能的学习,如认字、认偏旁等。培养真正的语言素养,应将幼儿的语言发展贯穿于整个学习活动中,使用信息性文本背景下的科学和数学学习经验,创造一个更真实的情境来发展读写能力,而不是限制性地阅读探索故事书。有关研究表明,接触更真实的读写活动的儿童,在阅读和写作科学信息和程序文本方面的能力增长速度更快。研究还发现,将真正的读写纳入学前课程规划中,如根据科学话题进行写作,或在科学文本(活动表单等)上写作,对学前儿童具有教育意义[23]。

3.4 社会情感发展:金字塔模型

社会情感发展能力指的是社会情感、认知和语言技能的多维结构能力[26],发展学前儿童社会情感和行为的教学实践已被确认为学前教育的关键需求。为此,早期学习社会情感基础中心(CSEFEL)以及幼儿社会情感干预技术援助中心(TACSEI)两个国家技术援助中心开发设计了金字塔模型[27],旨在促进幼儿社会情感能力的提升,预防或解决幼儿可能出现的问题行为,为学前教育工作者提供有效的教学实践指导。金字塔模型是一个多层次的循证教学实践框架,教师通过合作设计和实施基于评估的个性化行为干预,加强幼儿与家庭、学习小组等成员的社交互动,将社会情感和行为技能的教学实践嵌入到日常课堂和家庭活动中,为所有学前儿童(包括有严重行为问题的儿童)提供行为支持[27-28]。研究表明,社会情感发展的金字塔模型可以通过适应性方法无缝集成到跨学科课程中,并针对该环境中幼儿的环境特征和个人需求进行调整,确保每个幼儿都能积极参与课堂学习,理解自己和他人的情绪,在解决社交问题和情绪调节方面接受有效指导,以促进自身的社会情感和行为发展[29]。

4 C4L 模式的跨学科课程体系实施策略

在跨学科幼儿课程体系实施过程中,连接式学习舍弃了传统早期教育中以识字为起点的课程策略,以数学和科学学科的学习轨迹和发展路径为基础,通过重点课程自然培养学生的读写能力和社交情感技能,避免或解决了教师教学负担过重的问题。

4.1 C4L 模式关注点及跨学科特征

连接式学习不是专注于教师指导的教学或孤立的活动,而是利用课堂教学的项目教学法,让学前儿童在所有四个学习领域之间建立实际的联系,并有充足的时间供儿童自由玩耍。C4L 模式主要关注以下几点:

(1) 游戏和学术内容学习在幼儿早期教育中应该是紧密协同、共同作用的;
(2) 早期学术内容的学习能力对儿童以后在学校中的成功极其重要;
(3) 当前的早期教育方法仅能为儿童提供学习浅显数学和科学内容的经历,但无法支持儿童在这些领域中探索其丰富性,寻找其内在的相互联系;
(4) 社会情感、语言和读写能力发展的多方面和有目的的方法对于幼儿入学准备至关重要。

C4L 模式的跨学科特征表现在以下 4 个方面:
(1) 在每个领域采用一致的教学方法,包括回应式教学、使用适当的工具、带有反思和实践的迭代学习周期以及项目式学习;
(2) 跨学科的共同话题;
(3) 课程和学习经验同时针对不同学科的目标;
(4) 所有领域的交互和体验都解决了相同的核心思维过程。

4.2 C4L 模式跨学科课程体系构成

连接式学习的跨学科课程体系包括6个主题单元和32周的课程学习,重点支持学前儿童沟通与表达、合作、比较与分类等10个综合认知过程的发展。按照实施顺序,这6个单元分别是:① 与学校和朋友联系;② 我们的环境;③ 结构是如何建造的;④ 探索博物馆;⑤ 种植我们的花园;⑥ 我们如何成长。每个学习单元都设有建造塔楼(Building Towers)、小组活动(Small Group)等课程连接环节,收集幼儿的初始理解水平,并让各学习团队提供合作机会,具体课程内容如表1所示。

表1 C4L 模式跨学科课程体系内容

主题单元	核心内容
单元1:联系学校和朋友	单元重点:学会在学校和同伴、老师之间建立重要的联系 (1) 幼儿亲自参与科学探索实践,并在教师构建的真实语境中对话和交流 (2) 幼儿主动阅读高质量的儿童文学作品,学习如何使用印刷品,并了解如何与书本打交道 (3) 幼儿学习课堂常规材料的使用,并通过与群体相处、交友和协作,发展社会情感技能 (4) 幼儿探索数理知识的实际应用,通过教学游戏学习数学基本技能和培养数学思维
单元2:了解周围环境	单元重点:幼儿对周边的生活环境展开户外调查 (1) 幼儿从学校和家庭附近开始进行环境探索 (2) 在前期调查基础上,重点了解珊瑚礁这个更加奇特的环境 (3) 通过课程、活动和书籍等对探索环境的组成部分、资源进行重点学习 (4) 幼儿进一步探讨环境资源与动植物和地球特征之间的联系
单元3:掌握结构	单元重点:幼儿了解结构和工具是如何工作的,以及如何制造或做事情 (1) 幼儿通过亲身观察、简单实验、游戏活动等来探索物体的形式和功能 (2) 幼儿探索物体如何移动,并研究物体的形状和特定用途 (3) 幼儿通过阅读和程序性文本书写,向同伴介绍特定物体的结构和功能

续表

主题单元	核心内容
单元4:探索博物馆	单元重点:幼儿以藏品为中心探索博物馆 (1) 幼儿了解博物馆藏品的种类、功能及意义 (2) 幼儿重点学习两个研究领域:古生物和中世纪时代 (3) 幼儿通过书籍、文本信息和活动学习这两个领域的知识以及关于博物馆的一般知识 (4) 幼儿为最终的项目"班级博物馆"创造展品、藏品、标志和说明
单元5:耕种花园	单元重点:幼儿通过调查花园(田园)和花园(田园)里的生物,探索其成长和变化 (1) 幼儿了解到花园(田园)里动植物的种类、生长条件,生活在花园(田园)里的哪些生物对花园(田园)的生态发展有利,以及人类如何通过花园(田园)获得食物 (2) 幼儿阅读有关课程内容的书籍,获取信息并进行说明性文本的写作 (3) 幼儿进行协作最终设计出自己的花园(田园)
单元6:关注成长	单元重点:幼儿对本学年所学的知识和技能进行回顾反思 (1) 幼儿重温最喜欢的书籍、游戏和活动,并提出后续的学习目标 (2) 幼儿开展庆祝活动,展示班级的视频年鉴

4.3 C4L模式跨学科课程案例分析

以单元5"耕种花园"为例(图2),这一单元要求学前儿童通过研究花园和其中的生物,探索其随着时间的推移而发生的成长和变化。在课程开展过程中,幼儿需要学习了解在不同的花园里需要种植什么植物,什么生物生活在花园里并且对花园有益,以及人类如何依靠花园来获取食物,并最终设计自己的花园。当幼儿通过合作完成种植花园任务以后,教师会组织幼儿进行花园设计方案汇报。此外,由于"种植我们的花园"这一项目主题与学前儿童的实际生活密切联系,能够激发学生的学习兴趣及学习成就感。幼儿在重点学习如"图形的形状""长度测量""动植物的生活习性"等学科知识的同时,能初步获取整理信息和撰写说明文的能力,并最终形成相应的协作能力,同时能够培养一定的环境意识和沟通协作能力。

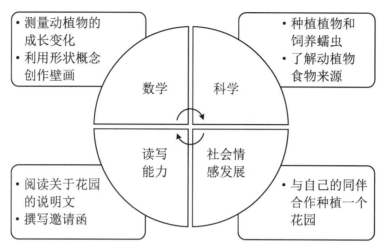

图 2　单元 5"耕种花园"课程内容

除了包含传统学前 STEM 教育中的数学与科学学科外,连接式学习最大的特点在于融入语言技能和社会情感发展。在"认识蚂蚁与蟑螂"这一教学案例中(表 2),教师要求幼儿对蚂蚁和蟑螂的外部和内部结构进行探索,并预测它们的相同之处。

表 2　"认识蚂蚁与蟑螂"教学案例课堂记录

对话主体	对话内容
学生 A	我认为蚂蚁与蟑螂这两种昆虫都有心脏
学生 B	我不同意学生 A 的看法,我不认为这两种昆虫都有心脏
教师	请全班其他学生对学生 A、学生 B 的两种观点进行投票
班级其他学生都同意"蚂蚁和蟑螂有心脏",唯有反对者学生 B 坚持自己的立场 这引发了关于"什么东西有心脏"这一话题的讨论	
学生 C	我认为蚂蚁和蟑螂是生物,而所有的生物都有心脏
学生 D	我知道植物是有生命的,但没有心脏
学生 B	我认为可以通过实际研究来找到明确的答案

在"认识蚂蚁与蟑螂"这一教学案例中,该学前班儿童正在自然地学习相应的科学事实(例如,蚂蚁和蟑螂是生物)和科学词汇(例如,研究),他们充当着探究者、反思者的角色,使用批判性思维(例如,植物是有生命的,但它们没有心脏)来产生科学信息,并发表不同的科学观点。同时,该教学案例也说明了跨学科整合式的科学启蒙能有效鼓励学前儿童的社交能力和情感发展,例如面对有争议的话题时,学生 B

能够自信表达与班级其他学生不同的观点,其他学生也能对学生 B 的不同意见表示尊重,并分享自己的观点。这一对话过程表现出对他人和集体有利的建设性行为,有利于积极培养幼儿的语言技能和社会交往的能力。

5 C4L 模式与传统 STEM 模式的区别与联系

传统 STEM 教育模式对于连接式学习的产生与发展影响重大,将 C4L 模式与传统 STEM 教育模式进行区别与联系的分析,能更加直观地帮助教育者厘清其本质特征。这两种模式均具有跨学科整合的重要特征,采用主题项目引领的方式,并以真实情境为切入点,综合调动学生运用多方面知识与技能,体现了当前教育融合的视角[30]。同时,C4L 模式与 STEM 模式在课程重点、发展领域及能力培养上各有侧重点(图 3):C4L 模式主要针对学前儿童教育阶段,教学内容兼顾数学、科学、读写能力和社会情感发展这四个学习领域,并通过强化数学和科学学习经验来开发和支持其他领域,构建一系列跨学科课程;STEM 模式旨在重点加强科学、技术、工程、数学这四门学科的交叉融合,体现出"整合为要"的实施策略特征[31],现主要应用于各中小学,而学前教育阶段对 STEM 模式从内涵到实践层面的应用涉及较少。

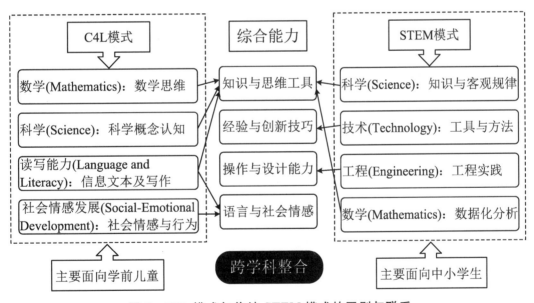

图 3 C4L 模式与传统 STEM 模式的区别与联系

通过将 C4L 模式与 STEM 教育模式进行比较分析可以发现,C4L 模式在注重培养幼儿读写能力和社会情感发展的同时,对幼儿在数学、科学等学科的基础知识技能方面的学习也起到很好的促进作用。但相较于传统 STEM 教育模式,C4L 忽视了对幼儿操作设计能力和工具技术素养的培养,这一能力的欠缺可能不利于培养幼儿对工程技术人员的尊重和认可意识,以及对实际问题的动手解决能力。STEM 模式在肯定数学及科学学习的同时,注重将数学、科学与工程技术相组合以解决真实世界中的问题,偏思维逻辑、知识应用及现实问题的解决,能够提升学生的创新意识与能力。但传统的 STEM 教育对于社会、人文、情感的培养有所欠缺,这也是在当今注重成绩测评的时代各中小学生所缺乏的重要一环。尽管社会期望 STEAM 教育的出现,能让艺术的深度融合来平衡 STEM 教育仅仅围绕科学技术进行教育的诸多弊端,但在实际的 STEAM 课堂教学变革中,教育工作者往往忽略了"A"元素中的教育特点和多方面价值,使不少教学活动只是在表面上扎根于艺术学科,但学习经验仍受到传统 STEM 教育的严重影响,缺少对人文艺术和语言艺术的实际关注[32]。有研究认为,中小学生只有拥有了良好的语言能力、思维能力和社会情感能力的复合型素养,才能理解科学知识并从事工程的开发研究,同时培养幸福生活的能力[33-34]。因此,C4L 模式针对目前学前教育阶段过度重视知识准备的问题,有效地将身心准备、生活准备、社会准备和学习准备等方面进行有机融合和渗透,能在一定程度上为解决幼儿教育和小学教育的衔接问题提供知识和情感能力保障[35],并为中小学未来展开整合的 STEM 教育提供基础。

6 C4L 模式对当前学前 STEM 教育的启发与思考

6.1 自觉整合数学、科学等内容,设计基于真实情景的跨学科课程

STEM 作为一种跨学科教育,始终强调教育的整合性。而传统学前 STEM 教育在教学实践中往往将多元且零散的学习知识贯穿到各个领域之中,且各领域之间没有进行有效交叉,师幼只是围绕一个中心主题共同探究,开展相关活动。此外,仍有许多学前教育工作者和家长优先考虑语言知识和社会情感技能的发展,认为具体的数学和科学教学会对儿童的社会情感和创造力产生负面影响,研究已经表明这些担忧没有实际根据。连接式学习理念下的课程设计模式既突出各学科领域的核心概念,也强调主概念下跨领域技能的应用,例如加强数学逻辑思维能力与科学探究能力的整合。教师在开展学前 STEM 教育时,可以充分领会 C4L 的课程设计模式,在保障儿童早期语言素养以及社会情感发展的同时,关注各个学科或领域之间的联系,自觉整合数学、科学等学科,并抓住数学、科学的核心概念进行启蒙,设计适合学

前儿童认知发展规律且融合程度适宜的跨学科课程,为幼小衔接工作提供坚实的知识与能力基础。

6.2 注重趣味性主题项目的开发,推进学前 STEM 教育教学实施

幼儿的思维具有具体性和形象性,需要基于直接感知、实际操作和亲身体验等方式来进行学习[36]。因此,有意义的幼儿课程应该以研究为基础,以内容为驱动力,强调对学前儿童的积极关注与互动。教师在开展学前 STEM 教育时,应该提前规划好相互关联的活动和学习体验,以学前儿童感兴趣的 STEM 主题项目为抓手,将幼儿置身于真实的学习任务和情境当中,让幼儿有机会积极参与概念和语言学习,并在项目活动中占据中心和主导地位[37]。在教学实践中,教师可以借鉴连接式学习的实施策略,以数学为起点,同时确定与科学有意义的联系,将语言表达和读写能力包含其中,开发生成系列富有趣味性的典型主题项目,以幼儿的学习轨迹和发展路径为依据,通过项目有机地将各学科或领域的知识融合在活动过程中,促进幼儿的活动参与,让学前儿童通过亲身探究来建构自身的 STEM 素养。

6.3 厘清学前儿童 STEM 素养的发展指标,建立合理的评价体系

学前 STEM 教育的核心目标就是要培养学前儿童的 STEM 素养,厘清学前儿童 STEM 素养的发展指标是开展学前 STEM 教育活动的前提条件。我国教育部颁发的《3～6岁儿童学习与发展指南》[19]从科学探究和数学认知角度分析了儿童的科学素养结构和发展指标,但对于儿童的其他科学领域素养还并未进行系统的厘清。此外,我国《幼儿园教育指导纲要》(试行)[20]指出幼儿园的教育内容可以相对划分为健康、语言、社会、科学、艺术等五大领域。因此,在传统的学前 STEM 教育中,大多数评价都集中在语言和早期识字技能方面,而且很少有跨层级的教学评估。借鉴连接式学习的教育理念,学前教育工作者和实践者必须重新审视并建构全面的学前儿童 STEM 素养框架,以关注幼儿的全面发展核心,为教师确立适合于学前儿童 STEM 教育的教学目标和评价体系提供依据。

6.4 创新教研思路,有效提升学前教育教师的综合素养

学前 STEM 教育的实施要求教师必须首先转变自己的教育理念,突破传统过于强调以学科知识教学为核心或完全忽视数学、科学等学科学习的教育模式,更加注重培养学生综合运用跨学科知识解决现实问题的能力。作为一种新型的跨学科幼

儿课程体系,C4L模式在完成传统STEM教学模式注重探究与实践的跨学科教学目标的同时,协同关注学生的社会性发展,有意识地对学前儿童的语言能力、思维能力和社会能力进行多方面培养,这也为广大教师带来"双减"震荡后的发展新思路,它的设计与实施是推动教师专业发展的有效途径。学前教师应当继承已有的教学成果和经验,不断提高自身的教育教学水平,通过加强课程设计与实施、教学方法应用等方面的创新,积极将核心素养落实到学前教育教学中。同时明确幼儿园与小学的差异,有效地促进幼儿思维的理性发展以及社会情感行为的创造性发展,帮助学前儿童平稳顺利地度过幼小衔接的关键时期。

7 结　语

迄今为止,在实施连接式学习模式的教室里,学前儿童在数学、识字和社交情绪学习等方面的表现明显优于国家教育标准,这证明了C4L模式的可行性和有效性。但不可否认的是,在学前STEM教育中实施C4L模式仍具有挑战性,其中包括实施机会问题、目前可用课程和干预资源的局限性、评估技术的局限性以及师资准备的有限性等,还需要广大一线教师通过教学实践,进一步总结经验规律,形成较为完善的跨学科课程整合理论与方法。此外,虽然连接式学习对数学、科学、读写能力和社会情感发展这四个学习领域进行了有效开发,但却脱离了传统STEM教育中技术和工程教育的设计核心,这对幼儿技术素养和工程素养发展的影响仍有待证实。

近年来,在综合化课程改革和创新型人才需求激增的大背景下,尽管我国学前教育已逐步成为一个受到重视的教育分支领域,获得了比较显著的发展,但国内多元化的学前教育课程结构仍然处于起步阶段[38],同时诸如教育资源供给不足、师资力量薄弱等仍然是制约我国学前教育高质量发展的瓶颈问题[39]。连接式学习作为目前学前教育跨学科整合课程领域的典范,能够丰富幼儿STEM教育跨学科学习模式,并继续推进幼儿STEM教育活动中的跨学科学习的理论和实践研究,同时为幼小衔接阶段基于项目的STEM课程教学模式提供一定的借鉴与参考,为我国新一轮的课程改革实践提供指导。

参 考 文 献

[1] 曾宁,张宝辉,王群利.近十年国内外STEM教育研究的对比分析:基于内容分析法[J].现代远距离教育,2018(5):27-38.

[2] 张雅倩.我国学前STEM教育的研究现状与反思[J].教育观察,2020,9(40):52-54.

[3] 胡恒波.美国学前儿童STEM教育的理念声明与实施建议：源自马萨诸塞州的经验[J].教育科学,2017,33(4):90-96.

[4] Clements D H, Sarama J. Embedding STEAM in early childhood education and care[M].Colorado, 2021(1):261-275.

[5] Kurup P M, Yang Y, Li X, et al. Interdisciplinary and integrated STEM[J]. Encyclopedia,2021(1):1192-1199.

[6] Helen Shwe Hadani, Elizabeth Rood. The roots of STEM success: changing early learning experiences to build life long thinking skills[R]. Bay Area Discovery Museum: Center for Childhood Creativity, 2018:1-44.

[7] 丁娴.美国学前阶段幼儿STEM课程研究[D].上海:华东师范大学,2018.

[8] Chesloff J D. STEM education must start in early childhood[J]. Education Week, 2013(1):1-4.

[9] Brenneman K, Stevenson-Boyd J, Frede E C. Math and science in preschool: policies and practice[R]. National Institute for Early Education Research, 2009.

[10] Nayfelda I, Brennemana K, Gelmana R. Science in the classroom: finding a balance between autonomous exploration and teacher-led instruction in preschool settings[J]. Early Education & Development, 2011, 22(6):970-988.

[11] 崔淑婧,刘颖,李敏谊.国内外幼小衔接研究趋势的比较[J].学前教育研究,2011(4):53-60.

[12] 程伟,董吉贺,刘源.近十年我国"幼小衔接"研究的回顾与展望[J].上海教育科研,2021(7):64-68.

[13] 齐梅.美国的"幼小衔接"[J].学前教育,2019(1):22-23.

[14] Suchodoletz A V, Trornrnsdorff G, Heikarnp J, et al. Transition to school: the role of kindergarten children's behavior regulation[J]. Learning and Individual Differences,2009,19:561-566.

[15] Clements D H. Curriculum research: toward a framework for "research-based curricula"[J]. Journal for Research in Mathematics Education, 2007, 38(1):35-70.

[16] 杨晓萍,杨柳玉.超越功利主义:学前儿童STEM教育的知识论反思[J].学前教育研究,2020(6):31-40.

[17] Mevarech Z, Kramarski B. Critical maths for innovative societies, the role of metacognitive pedagogies[M].Paris:OECD Publishing,2014:2-15.

[18] 教育部.数学课程标准[M].北京:北京师范大学出版社,2016:8-9.

[19] 张富洪.幼儿园班级文化核心价值取向的误区及重构:基于《3~6岁儿童学习与发展指南》的研究[J].中国教育学刊,2016(3):95-100.

[20] 佚名.幼儿园教育指导纲要(试行)[J].学前教育研究,2002(1):77-79.

[21] Clements D H, Sarama J, Spitler M E, et al. Mathematics learned by young children in an intervention based on learning trajectories: a large-scale cluster randomized trial[J]. Journal for Research in Mathematics Education, 2011, 42(2): 127-166.

[22] 刘健智.科学素养:学前科学教育的课程目标[J].学前教育研究,2006(9):12-14.

[23] Nayfeld I, Brenneman K, Gelman R. Science in the classroom: finding a balance between autonomous exploration and teacher-led instruction in preschool settings [J]. Early Education & Development, 2011, 22(6):970-988.

[24] Purcell-Gates V, Degener S C, Jacobson E, et al. Impact of authentic adult literacy instruction on adult literacy practices[J]. Reading Research Quarterly, 2002, 37:70-92.

[25] 刘晶晶.英国幼小衔接语言素养评价及其启示[J].教学与管理,2021(23):74-76.

[26] Campbell S B, Denham S A, Howarth G Z, et al. Commentary on the review of measures of early childhood social and emotional development: conceptualization, critique, and recommendations[J]. Journal of Applied Developmental Psychology, 2016, 45:19-41.

[27] Hemmeter M L, Fox L, Snyder P, et al. Corollary child outcomes from the pyramid model professional development intervention efficacy trial[J]. Early Childhood Research Quarterly, 2021, 54: 204-218.

[28] Fox L, Hemmeter M L. A programwide model for supporting social emotional development and addressing challenging behavior in early childhood settings[M]. Boston: Springer, 2009.

[29] Fox L, Strain P S, Dunlap G. Preventing the use of preschool suspension and expulsion: implementing the pyramid model[J]. Preventing School Failure: Alternative Education for Children and Youth, 2021, 65(4): 312-322.

[30] 秦婉,肖非.美国学前融合教育发展概况、特点及其对我国的启示[J].现代特殊教育,2019(11):75-80.

[31] 祝智庭,雷云鹤.STEM教育的国策分析与实践模式[J].电化教育研究,2018,39(1):75-85.

[32] 李刚,吕立杰.从STEM教育走向STEAM教育:艺术(Arts)的角色分析[J].中国电化教育,2018(9):31-39.

[33] 徐瑾劼,杨雨欣.学生社会情感能力的国际比较:现状、影响及培养路径:基于OECD的调查[J].开放教育研究,2021,27(5):44-52.

[34] 支爱玲.学生社会情感能力探析:基于教育部-联合国儿童基金会"社会情感学习"项

| [35] | 教育部.教育部关于大力推进幼儿园与小学科学衔接的指导意见[J].中华人民共和国教育部公报,2021(4):38-54.
| [36] | 陈大琴.在早期STEM教育中注重幼儿学习品质的培养[J].学前教育研究,2018(8):64-66.
| [37] | 华红艳.幼儿教育中"项目活动"与"STEM教育"的区别[J].教育与教学研究,2020,34(1):20-33.
| [38] | 张娜,陈佑清.我国学前教育课程结构现状分析[J].教育发展研究,2013,33(6):63-67.
| [39] | 郭金兰.关于制约我国学前教育高质量发展瓶颈的现状分析[J].南方论刊,2021(2):104-106.

目的实践研究[J].西安文理学院学报(社会科学版),2019,22(4):81-84.

[35] 教育部.教育部关于大力推进幼儿园与小学科学衔接的指导意见[J].中华人民共和国教育部公报,2021(4):38-54.

[36] 陈大琴.在早期STEM教育中注重幼儿学习品质的培养[J].学前教育研究,2018(8):64-66.

[37] 华红艳.幼儿教育中"项目活动"与"STEM教育"的区别[J].教育与教学研究,2020,34(1):20-33.

[38] 张娜,陈佑清.我国学前教育课程结构现状分析[J].教育发展研究,2013,33(6):63-67.

[39] 郭金兰.关于制约我国学前教育高质量发展瓶颈的现状分析[J].南方论刊,2021(2):104-106.

Alternative Opening of Preschool STEM Education: Connect4Learning and Its Development Strategies

DONG Yan[1], YANG Siyu[2], MENG Nanxi[3]

1) Faculty of Education, Beijing Normal University, Beijing 100875;

2) Faculty of Artificial Intelligence in Education,
Central China Normal University, Wuhan 430070;

3) College of Liberal Arts and Social Sciences,
University of North Texas, Denton, TX, United States 76201

Abstract In recent years, STEM education has gradually become a major trend in future education. Preschool STEM education, which is its core topic, has also received increasing attention. So how to implement interdisciplinary learning in STEM education activities for preschool children has become a new challenge for educators. The NSF-funded Connect4Learning (C4L) advocates four areas of learning: Mathematics, Science, Language and Literacy, and Social-Emotional Development, providing new ideas and approaches for landing STEM education in preschool education instruction. The purpose of this study was to comb and analyze the background, connotation characteristics and application value of C4L model, tried to explore how C4L model could be combined with the development of preschool education in China, crack the dilemma of STEM/STEAM education in preschool education, make up for the key problems such as making the nursery education primary school-oriented, children's aphasia in transition from kindergarten to first-grade school, with a view to providing effective reference and in-depth thinking on the interdisciplinary study and practice of preschool STEM education in China.

Key words　　STEM education; preschool children; Connect4Learning; transition from kindergarten to first-grade school

作者简介

董艳,女,河南温县人,教育学博士,北京师范大学教育学部教授,博士生导师,主要从事STEM教育、教师技术应用研究。电子邮箱:yan.dong@bnu.edu.cn。

基金项目

国家自然科学基金面上项目"STEM教育情境下同伴互动的脑协同机制及策略研究"(62177011)。

试论科幻教育在基础教育中的运用

殷 俊[1)] 彭 姣[2)]

1) 广州南方学院,广州 510970
2) 深圳荟同学校,深圳 518054

摘 要 科幻文学在中国的发展,为科幻教育的推广与实践提供前提和基础。在基础教育阶段,可以以优秀科幻作品为媒介,引导学生欣赏和分析科幻作品,并结合不同课程的知识框架,理解和思考科幻想象中的科学知识与社会现象。这样的科幻教育具有沟通科学与人文、历史与未来的功能。在课程维度上,它是一种特殊的综合课程,与科学、文学和历史/社会课程都可以有机结合。其教育目的是培养学生的四种核心素养:好奇心、想象力、责任感和人文精神。这一教育实践符合基础教育课程改革的方向,也能最大程度发挥科幻文学独特的优势。

关键词 科幻教育;基础教育;综合课程;核心素养

1 引 言

从1903年发表在《新小说》上的《月界旅行》开始,科幻作品的译介和创作在中国已经有超过100年的历史,在新中国成立后,特别是20世纪80年代以来,有较大的发展。近20年来,以刘慈欣、王晋康、韩松等为代表的科幻作家,和一大批新生代作家,创作出许多优秀作品,极大地提升了科幻文学在社会上的影响力。一批国内外优秀科幻电影的上映,也让科幻文化更加普及。这些趋势也自然影响到教育领域,具体表现为科幻阅读的引入和科幻课程的开设。

在高等学校中开设科幻课程,欧美国家早有先例[1]。在中国的大学里,也开始有许多类似的尝试,如科幻作家、学者吴岩在南方科技大学开设的系列课程我们在深圳大学开设的《科幻小说中的政治经济学》等[2]。在中小学教育中,一些科幻作品也已经进入中小学的教材和课堂:刘慈欣的短篇作品《带上她的眼睛》进入人教版语文教材(初一下),《非法智慧》《海底两万里》和《三体》等经典作品分别被列入小学、初中和高中的阅读书目。不少教师将其他科幻读物作为教学工具,部分中学也开始尝试设置科幻阅读、科幻写作、科幻想象力等课程[3]。

早在 2003 年前后,已有部分学者指出科幻在教育中的价值,例如和家祥[4]认为科幻画创作可以培养儿童的想象力。梁海[5]认为科幻小说可以培养青少年的科学精神、科学美感和发散性思维。吴岩和金涛[6]则通过调研发现,科幻作品对个体心理发展有促进作用,并能影响民族自主创新能力。李晓亮[7]较早提出,科幻电影具有美育的功能。成都市双林小学,则是较早尝试将科幻融入科创课程的学校之一[8]。

此后的相关研究主要包括两部分:一是科幻为科学课程提供素材,如在化学课[9]、物理课中[10]的运用,包括使用具体的电影如《逆时针》[11]、《流浪地球》[12]。二是科幻画的教育,既包括美术教育层面的探讨[13],也包括科幻画如何培养核心素质、科学兴趣和健康心理[14-16]。而近年来较受关注的主要还是科幻文学或科幻阅读的教育,其运用主要还局限在语文教学中[17],或者用于培养理解能力和想象力[18]。

虽然对于科幻在中小学教育中的运用已经有不少研究和实践,但是可以看出大部分还是专注于某一学科中的运用,而现实中可能又以语文教学为主。作为一种具有独特性的文学类型,科幻文学的运用并不局限于语文教学,或只为某些课程提供"素材"。在 2001 年以来的基础教育课程改革中,强调"加强课程内容与学生生活以及现代社会科技发展的联系,关注学生的学习兴趣和经验"及"倡导学生主动参与、乐于探究、勤于动手,培养学生搜集和处理信息的能力、获取新知识的能力、分析和解决问题的能力,以及交流与合作的能力"[19],在基础教育阶段引入某种"科幻教育"符合这一趋势,具有可行性和重要意义。

鉴于科幻教育的理论仍然处于初建阶段,本文下面首先讨论科幻教育的定义及其在基础教育阶段的定位,然后依次从两种沟通功能、三个知识维度和四种品质培养的角度去阐述科幻教育在基础教育中的价值。

2 科幻教育的定义与定位

2.1 科幻小说的定义

要界定科幻教育,首先要界定"科幻"。科幻小说在英语中称为"Sci-fiction",直译为"科学小说",但现实中和其他类型小说,如"幻想小说""推测小说"等没有明确的界限,文学界或学术界更是提出诸多不同甚至互相矛盾的定义[20],吴岩[21]将其概括为四个"族类":科普、广义认知、替代世界、STS(科学对社会的影响)。但是在当代中国的语境下,大多数时候人们对科幻的内涵是有部分共识的,那就是"科学+幻想"——当然还要以小说表现出来,这类似于吴岩提出的内隐定义六因素中最重要的三个:文学状态、探索因素和科学内涵[21]。

如果分析科幻黄金时代作家们的理解,STS是较为公认的视角。用阿西莫夫的话来说就是:"科幻小说是文学的一个分支,主要描述虚构的社会,这个社会与现实社会的不同之处在于科技发展的性质和程度。"坎贝尔则认为科幻小说就是"以故事形式描绘科学应用于机器和人类社会时产生的奇迹。"[22]同一时期的布莱希特指出:"作者显示出他独具慧眼,对人类活动的本质和价值有着清楚的认识……对于通过这种活动业已积累起来的知识的宏大整体有着同样的明察。并且,他还能在小说中考虑到科学规律和科学事实给人类现在和将来可能带来的结果。"[20]

可以看出,这一类定义的共通之处包括三个最重要的元素:科学、幻想(虚构)、社会(人类活动)——其中最后一个较易被忽视。正如下文将指出的,这三个元素恰好可以界定科幻教育的三个维度。

2.2 科幻阅读、科普和科幻教育

为进一步厘清科幻教育的定义,还需要辨析科幻教育和与之有密切关系的两个概念:科幻阅读教育和科普教育。

首先,正如前面所指出的,目前许多基础教育阶段的科幻课程集中于语文课,主要是将科幻文学作品作为阅读、赏析的对象,或是学习写作的借鉴,或进一步地用科幻文学作品来培养学生的想象力,这些都可以称为"科幻阅读"教育。但优秀科幻作品不仅能让学生产生文学上的欣赏,也让许多学生对科幻中的科学产生兴趣。例如,《流浪地球》让许多青少年对恒星周期、星际旅行等问题产生兴趣[12]。这不是一般文学作品具有的功能——反而是其他类型文学可能有的特点,例如"盗墓文学"的热潮曾吸引不少青少年关注考古学。其次,某些科幻作品能为科学教育提供"素材",启发学生对相关科学问题的思考,甚至直接提供某些科学知识——例如《三体》中对"三体"问题的介绍。

其次,也要区分科幻教育和"科普"。"科幻"与"科普"的异与同,是一个长期被争论的问题,这也涉及科幻中"硬科幻"和"软科幻"之争[23]。尤其是在中国的科幻传统中,"科普"曾经是被认为是重要的功能[24]。从教育的角度,科幻与科普有相似之处:可以生动地介绍科学知识,并激发对科学的兴趣[25-26]。一方面,即使是那些具有高度幻想性的科幻作品,也可能促进某些现实科学知识的普及,如《三体》中对三体问题的介绍。另一方面,即使是想象的科学技术,其中也可能具有某种"科学性"。

但是,即使不考虑"技术"的虚构性,相比科普作品,科幻作品也有明显的不同,如文学性更强,更易于激发学生的兴趣和培养其想象力。更重要的是,科普是以文学为工具,科学为目的,将科学知识用文学手段讲述出来;而科幻是以科学为情境,本质仍是"文学"且是"想象"的文学,是通过科学元素去讲一个想象的故事——这一故事是关于科学与社会之关系的。如果说科普是以文学为载体的科学传播,科幻则不仅是科学与文学的"相加",更是科学与人文、社会的"交织"或"融合"。

因此,科幻教育可以定义为:以优秀科幻作品为媒介,通过欣赏和分析科幻作品,并结合不同课程的知识框架,理解和思考科幻想象中的科学知识与社会现象。这里所说的科幻作品,以科幻小说为主,但也同样包括电影、电视剧、动画、漫画等其他形式的科幻作品。

3 科幻教育的两种沟通功能

前面所定义的科幻教育,可以适用于教育的各个阶段。那么,在基础教育阶段,科幻教育又该如何定位呢?基础教育有着不同的定义,包括义务教育和高中教育等等。教育部的官方回复中说,基础教育"是面向全体学生的国民素质教育……包括幼儿教育、义务教育、高中教育,以及扫盲教育"[27]。一般认为,广义的基础教育就是这一回复中包括的范围,而狭义的基础教育则主要指义务教育阶段(一般为 6~15 岁)。而本文使用基础教育这一概念,重在强调其"基础性",因此主要限定在义务教育阶段的小学和初中阶段。

了解科幻教育在基础教育中的定位,要放在 21 世纪初以来的基础教育改革的背景下来探讨。对于基础教育改革,虽然有各种不同的观点,但有几个方面是被普遍承认的:注重核心素质的培养,例如"三维目标"的设定;在课程设计上更注重综合课程和实践课程;注重培养创新人才等等。这其中有两点与科幻教育有着密切的联系:一是科学教育与人文教育的融合[28];二是面向未来的教育[29]。这正是科幻教育在基础教育中最重要的两种功能:沟通科学与人文,沟通过去与未来。

3.1 科幻教育沟通科学与人文

2015 年,时任国家副主席李源潮[30]在与科普科幻创作者座谈时指出:"从某种意义上讲,科学幻想是沟通科学与人文、自然与社会的桥梁。"这一概括应用到教育领域也同样适用:科学幻想作为教育的工具,其功能不应局限于语文或人文,而应该是跨越科学与人文(包括社会)两大领域的融合教育。

科学教育与人文教育的关系是教育学中一个重要议题,虽然在不同阶段的侧重方面有争议,但绝大部分学者都认同:缺乏科学的人文教育和缺乏人文的科学教育都是残缺不全的。然而以往关于科学和人文教育融合的讨论大多聚焦于大学阶段。正如朱九思[31]所指出的,两者的结合要"从中小学抓起",才能为高等教育中的通识教育奠定基础。因此,在基础教育阶段开展能够沟通科学与人文的科幻教育,尤其具有意义。

正如前面已经指出的,作为科学元素和文学载体(以及社会关怀)相结合的科幻,天然地具有沟通科学与人文的性质,甚至可以说很难有科幻这样在形式上就兼顾二者的媒介了。而且这种沟通不仅仅体现在科幻中,同时具有"科学"(知识)与"文学"(形式),更重要的是其体现了科学与人文的价值。

3.2 科幻教育沟通历史与未来

"未来教育"也是近年来教育领域经常讨论的话题。但多数情况下,这一概念被用来描述运用(已有的或即将有的)新技术(尤其是信息技术)进行教育,最多是以促进未来创新为目的的教育。这些只能说是"展望未来的教育",而不是人们通常强调的"面向未来"的教育,更不是未来性的教育。在这一点上,叶澜[32]曾有一个准确的判断:信息化时代个人时空意识发生变化,"对'未来'的价值更为重视","使'现在'与'未来'紧密渗透"。也就是说,从"未来"的角度来认识、反思现在——也许还包括过去,才是未来教育的真谛。

事实上,绝大部分的学科教育,无论是科学还是人文、社会,都是"历史性"的。这不仅因为这些学科所使用的资料都是历史资料,而且还在于其教育模式都是历史性的,是一种回溯的视角。历史、社会等学科不用说,就是科学教育,也是基本依照科学历史发展中形成的知识体系进行讲授。这一"范式"的形成有其合理性和必然性,但在科学技术进步迅速的时代,如何在系统传承知识的同时培养创新精神,是教育者应该思考的一个问题。

霍华德·加德纳[29]在论述"未来的教育"时,虽然也遵循同样的思路,但在建议部分却提出了有意思的说法:在幼小阶段,应鼓励广泛的阅读,"通过许许多多的途径在丰富的课题上非正式地得到各种观念";在中期阶段,则要"使学生运用不同的学科视野对许多复杂的问题展开思考",例如:"如果地球上的汽油用完了,计算机遭到了外星人的攻击,结果将会怎样"。这个例子显然有着明显的科幻色彩,虽然他没有提出"科幻教育"这个概念。

科幻当然也具有历史性。科幻文学的出现本身就是历史的产物,不同时期的科幻文学在主题和形式上也都带有特定的历史印迹。且不论"历史科幻"这一类型,科幻作品中对未来的想象也还是建立在对人类社会和科学的历史的认知基础上。但是,绝大多数科幻作品在形式上都是"面向未来"的:将故事背景设定于未来某一时刻,所"运用"的技术也大多是"未来"的而非现实存在的,甚至科幻小说一度被称为"未来小说"[33]。所以,科幻教育具有沟通历史与未来的特性:其对科学知识和社会的理解都基于对于历史的认知,但目的却是对于未来的想象;其本身是历史的产物,却努力成为未来的预言。

4 科幻教育的三个学科维度

基础教育的新一轮课程改革中,一个重点就是"改变课程结构过于强调学科本位、科目过多和缺乏整合的现状",构建分科课程与综合课程相结合的课程结构,其中小学阶段以综合课程为主,初中阶段综合和分科并行,并且增加"信息技术教育、实践性学习"等综合实践活动。在小学以综合课程为主,符合少年儿童和青年的认知特点,但综合课程不应是"大拼盘"、"大杂烩"[34],而应是以问题为导向的不同学科的有机融合。科幻教育,也可以作为探索综合课程和实践性学习新模式的一种尝试。

前面指出,许多对科幻的定义都强调三个维度:科学、幻想(虚构)、社会。这也正好反映出科幻教育的三个维度。如果将科幻作为一种综合课程或者说基于项目的教育活动,这三个维度则正好反映出其与三类学科教育(课程)之间的关系。

4.1 科幻教育与语文课程

目前中小学阶段对于科幻的引入,基本都是在语文课内进行。这是因为科幻文学本身是一种文学类型,也因为关于虚构、想象力的教育通常被视为语文教育尤其是"大语文"教育的一部分[35]。科幻教育中的科幻作品赏析,确实适合作为语文课的一部分:优秀的科幻作品,尤其是具有中国式想象的科幻作品,可以大大增加学生的阅读兴趣[18],最终也有助于让语文教育实现新课标中要求的"同时促进学生思维能力的发展与思维品质的提升"和"为培养创新人才发挥作用"。

但是,正如前面指出的,科幻作品的作用并不限于文学欣赏。而且考虑到科幻作品中包含的科学元素,语文教师并不一定能够充分把握。尤其是进入小学高年级和初中之后,科幻阅读篇目在阅读难度增加的同时"科学性"也在增加:以目前进入教材和阅读书目的作品为例,《非法智慧》涉及脑科学研究,《带上她的眼睛》涉及地质结构,《三体》更涉及三体问题、星际航行、量子通信等诸多科学问题。如果对这些问题没有初步了解,不仅无法充分发挥科幻教育的作用,甚至也不能真正理解相关情节和作品的内涵。

所以,科幻教育应该开始于语文课程并与之相结合,但又不停留在或局限于语文课。科幻作品的阅读可以作为科幻教育的切入点,使学生对相关科幻作品有初步的兴趣和了解,在此基础上则需要通过与其他课程相结合,或者通过基于项目、活动的学习,进一步引入科幻想象中的科学、社会等元素。

4.2 科幻教育与科学课程

科幻教育与科学课程的联系是显然的。这里需要指出的是,科幻教育尤其适合引入 STEM 课程,并且可以为 STEM 课程带来新的突破。

所谓 STEM,是将科学、技术、工程和数学(Science, Technology, Engineering and Mathematics)融合为一个学科,努力提高学生的科学素质和创新能力。1986 年美国国家科学委员会发表报告《本科的科学、数学和工程教育》,首先提出"科学、数学、工程、技术教育的集成"(后简称 SMET)的概念,2001 年这一概念被改为 STEM,并得到大力推广。有些学者还提出"STEAM",即在 STEM 中加入艺术(Art)——这个"A"不仅指作为工具的音乐、美术、设计,而包括广义的人文艺术,希望在 STEM 教育中增加学生对人文社会的关注,但这种关怀可能还是以历史视角为主。科幻作为"未来"或"平行"维度的艺术,可以提供另一种视角:科学技术工程如何影响人类的未来,或者说提供历史的另一种可能。

即使不考虑"A",科幻教育也可以较好地契合 STEM 教育的核心素养。有学者认为,STEM 教育应具备 9 个核心特征:跨学科、趣味性、体验性、情境性、协作性、设计性、艺术性、实证性和技术增强性[36]。其中趣味性、情境性和艺术性显然能在科幻教育中得到体现。虽然一般所说的"跨学科"是指在 STEM 内部的跨学科,但如果能将其扩展到跨越科学和人文,显然有更大的价值。

4.3 科幻教育与历史社会课程

如果说科幻教育与语文、科学教育的关系易于理解,一个比较容易被忽略的因素是科幻教育与历史社会教育之间的联结。正如前面所分析的,科幻作品不仅仅是将科学元素置入文学作品,而是要用文学形式探讨科学对于人类社会的影响,因此也就不可避免地要涉及对于现实的或可能的人类社会关系的认知,用布特莱特的话就是要"对人类活动的本质和价值有着清楚的认识"。"人对现在和未来的关切和思考",这正是现代科幻小说的重要特点[37]。

同样,作为沟通历史和未来的一种教育模式,科幻教育也必然要结合历史教育。在具体层面上,科幻作品的理解无法离开历史知识,如理解了《三体》的历史背景才能理解叶文洁的选择。在抽象层面上,对未来的幻想也要放在对人类大历史的认知的基础上。

所以,科幻教育和历史、社会等学科也有不可分割的联系。无论是由语文课引入,还是由科学教师主导科幻教育,都不忽略历史、社会教学的作用。当然,历史、社会课程引入科幻教育,也可以起到增加教学生动性、多元性的作用。

5 科幻教育的四种核心素养

基础教育课程改革纲要提出课程改革的第一个具体目标就是:要"改变课程过于注重知识传授的倾向,强调形成积极主动的学习态度,使获得基础知识与基本技能的过程同时成为学会学习和形成正确价值观的过程"。就科幻教育而言,其独特的价值不仅在于传授具体的科学或人文社会知识,更在于培养学生"学会学习和形成正确价值观"。在大部分关于科幻阅读教育的文献中,都会强调两个重要的核心素养:好奇心,想象力。从前面所提出的"沟通科学与人文、社会的框架"出发,科幻教育还应培养两个至关重要的素养:责任感,人文精神,这二者也是霍德华·加德纳强调的未来教育必须培养的品质[29]。

5.1 好奇心

好奇心是"认识事物过程中对未知的新奇事物进行积极探索的一种心理倾向,它是促进人智能发展和帮助人认识客观世界的内部动因"[38],好奇心的呵护是培养创新型人才的必要条件[39]。虽然好奇心是人与生俱来的一种特质,但是在成长过程中会逐渐带有目的性,甚至受到压抑。2009年教育进度国际评估组织对21个国家的调查显示,中国中小学生只有4.7%认为自己有好奇心和想象力。如何保持和激发儿童的好奇心,是科学教育要回答的一个重要问题[40]。

好奇心的激发,在科幻教育中可以说是最先发生的一种教育作用。科幻作品通过其充满想象力和戏剧性的故事情节,来激发儿童的好奇心,从而让他们对课程产生兴趣,进而导入之后的课程。尤其是,这一好奇心不仅是对于文学的,也是对于科学的。

科幻教育可以通过好奇心的"转移"来引发对科学的兴趣。例如,"计算机遭到了外星人的攻击"这个假设,肯定会让绝大部分学生产生好奇——或许来自于"外星人",最终可以导向对计算机相关科学知识和社会现象的认知。另一方面,通过将科幻与现实联系,可以更加激发学生的好奇心。例如,学习《带上她的眼睛》时,可以联系近年来的"航天热",让学生对与之相反的"探地旅行"产生兴趣,进而去了解地壳、地幔、地核等不同结构。

5.2 想象力

想象力对于科学的重要性受到普遍认可,爱因斯坦曾经说过:"想象力比知识更重要。"[41] 在所有想象中,科幻想象"在科技发展和社会进步中发挥着日益突出、不可替代的启示性作用"[30]。但许多学者认为,中国的基础教育面临"想象力危机",尤其是想象作为幻想和虚构的教育价值遭到"否弃和抵制"[42]。应试教育要求孩子快速掌握知识,却因此扼杀想象力[43]。也正因为如此,愈来愈多的教育学者认识到想象力教育的重要性,甚至称其为"教育的核心竞争力"[44]。

有学者认为,对于想象力尤其是幻想能力的抵制,部分原因在于(错误地)认为其和科学精神、理性思维对立[42]。科幻教育能在一定程度上化解这种对立意识:姑且不论科幻中的想象是否"理性",至少其能促进孩子对科学的兴趣甚至热爱。另一方面,针对以往想象力教育侧重于语文教育的特点,科幻教育能更好地将科学和想象力教育联系起来。例如,在"计算机遭到了外星人的攻击,结果将会怎样"这个想象的情境中,学生需要想象的既包括外星人(既有虚构的成分,但也有一定科学色彩),也包括计算机受到攻击对人类的影响(显然有更多的科学色彩),以及可能的应对措施(主要是科学元素)。在阅读《带上她的眼睛》时,则可以引导学生想象在地球深处"航行"的感觉。

5.3 责任感

责任感是指对于他人、集体、国家乃至人类社会愿意付出正面努力的精神。就责任感而言,日常生活和学习中的责任感培养固然重要,但在小学和中学阶段,也需要逐步培养学生对社会、集体的责任感,而这需要培养学生对特定情境的思考和"共情"。

科幻作品涉及的责任感教育,与科幻文学的一个普遍主题——危机有着密切关系,进而反映出科幻文学作为一种社会批判的价值[45]。例如,"地球上的汽油用完了,或者计算机遭到了外星人的攻击,结果将会怎样"等问题,不单纯是一个技术的问题——事实上小学生也无法真正回答这样的技术问题。这一问题所希望启发的思考,是人类面临某种危机时,"会怎样","要怎么办"。在这一想象的危机中,当然需要对能源技术或者计算机有一定认识,但更重要是对社会可能面临的危机的认知。而在《带上她的眼睛》《流浪地球》等科幻作品中,无论是对于地球和人类的责任感,还是对于集体、工作的责任感,都有鲜明的体现,并能产生生动的感染力。

5.4 人文精神

所谓人文精神,既包括对人文社会知识的了解,更蕴含对人类文明的尊重和珍惜。当然,科学技术本身就是人类文明的重要组成部分,例如那些"黑科技"和壮美的工程,都可以激发学习者的感叹和景仰。而科幻文学中对于科学技术各种可能的进一步探索,也是这种人文精神的体现。例如,在"计算机遭到了外星人的攻击,结果将会怎样"的想象中,包含了对于人类文明的珍惜,包括对人类已经和可能创造的科学技术(如计算机技术)的重要性的认识。而许多优秀的科幻作品中,还有更深层次的人文思考,如《三体》中的名言"给岁月以文明,而不是给文明以岁月"。

科幻中体现的责任感和人文精神,既包括对人类文明的普遍尊重,也可能具有深刻的时代性、民族性。例如,对于科幻作品中常见的"末世"故事,与美国好莱坞电影相比,《流浪地球》在情节设定、情感表达上有鲜明的中国特征,这就使得科幻可以用来进行民族文化的教育。其他诸如《乡村教师》《中国太阳》等作品,无不体现出独特的民族精神。

6 结 语

本文在"科幻热"和基础教育改革的背景下分析一个新兴现象——科幻教育,通过对其定义和定位的讨论,提出其在基础教育阶段具有的重要价值:包括两种沟通功能(沟通科学与人文、历史与未来),三个学科维度(语文、科学、历史社会),以及培养四种核心素养(好奇心、想象力、责任感、人文精神)。下面便以"计算机遭到外星人攻击"这一想象为例,去阐述在基础教育阶段(例如小学高年级)如何运用科幻教育,并以此作为本文的结语。

首先,引入相关主题的科幻作品,进行文学的导读和赏析。相关作品并不限于"外星人攻击计算机",还可以包括其他关于外星人入侵,或者计算机遭到攻击的作品,形式可以是小说、漫画、电影等——例如,可以引入《三体》中三体人对地球计算机技术的"锁死"。这一阶段可以在语文课的平台进行,主要形式是阅读教育,目的是激发学生的好奇心。

其次,帮助学生认识到信息技术在当代社会的重要性,可以引导学生去了解自己身边(教室里、家里)有哪些计算机产品,讨论如果没有了这些产品生活会有哪些变化。与此同时,介绍一些外星人的知识,引导学生讨论什么样的环境能产生生命。这一阶段的"科学性"更强,也有关于科学与社会关系的知识,但同样重要的是激发学生的想象力,和对科技重要性、地球环境宝贵性的认知。

最后,鼓励学生积极想象和讨论:如何去寻找外星人,如何和外星人打交道,如何把计算机发展得更安全……目的同样是激发学生想象力,但也要激发其对于科学技术的探索欲望,对于美好生活的珍惜等。

这一过程从阅读开始,以科学探索为主,以社会认知结束,也正契合科幻文学的本质:一种文学,描述虚构的社会,关键在于科学。通过这样的教育,学生得以培养好奇心、想象力、责任感和人文精神。这一过程,也体现出基础教育强调的三维目标:知识与技能、过程与方法、情感态度与价值观,特别是将知识与情感、价值有机结合。这就是科幻教育运用于基础教育阶段的重要价值。至于这一运用具体如何进行,则有待研究者和教育工作者去进一步探索。

参 考 文 献

[1] 姜男.欧美当代科幻教育价值探究[J].清华大学教育研究,2015(1):96-103.

[2] 顾小立,朱涵,兰恭来.开学了,"网红课"来了:新趣背后要有真知[EB/OL].(2019-02-25)[2021-09-12].http://www.xinhuanet.com/politics/2019-02-25/c_1124161270.html.

[3] 蒋隽.科幻思维怎么学? 广州五中开设科幻想象力和创新培养课程[EB/OL](2020-09-05)[2021-09-12].https://new.qq.com/omn/20200906/20200906A0FR0100.html.

[4] 和家祥.科幻画创作与创造性思维[J].学术探索,2003(6):82-83.

[5] 梁海.科幻小说与青少年科学素质的培养[J].当代青年研究,2004(5):29-33.

[6] 吴岩,金涛.科幻与自主创新能力开发[J].科普研究,2008(1):50-54.

[7] 李晓亮.论科幻电影的学校美育功能[J].美与时代(下),2011(5):127-129.

[8] 程郑.构筑"科创+"课程:让科学与人文素养同生共长[J].中小学管理,2016(12):40-41.

[9] 蒋葳,江锡钧.让科幻作品中的奇思妙想融入化学课堂[J].化学教育,2015,36(15):10-11.

[10] 陈晓媚,王笑君."科幻小说中的物理"课程教学研究与实践[J].物理教学,2018,40(7):23-25,16.

[11] 周颖,苟菲,张廷蓉.科幻电影与高中天体物理学教学相结合的几点探讨[J].广西物理,2017,38(3):43-47.

[12] 杨明芳,张圣羽.科幻影片中的中学物理课程资源探析:以《流浪地球》为例[J].中国教育技术装备,2019(9):52-54.

[13] 周天华.基于核心素养的初中科幻画教学实践策略研究[J].美术教育研究,2019

(14):83-84,87.

[14] 申娅琪.浅谈科幻画在青少年科技教育中的探究[J].天津科技,2017,44(4):82-84.

[15] 张少钦,黄建明.指导小学生科幻画选题与创作的策略[J].中小学课堂教学研究,2020(2):66-69.

[16] 胡丽.科幻画在儿童青少年心理科普教育中的应用价值[J].艺术评鉴,2020(4):178-180.

[17] 马小斌.浅谈初中语文中的科幻小说教学[J].兰州教育学院学报,2020,36(3):90-91,94.

[18] 张逸佳,林燕.中国式科幻及其教育价值:以刘慈欣作品为例[J].教育科学论坛,2021(22):5-10.

[19] 教育部关于印发《基础教育课程改革纲要(试行)》的通知[EB/OL].(2001-06-08)[2021-09-21]. http://www.moe.gov.cn/srcsite/A26/jcj_kcjcgh/200106/t20010608_167343.html.

[20] 戴耘.科幻小说的定义[J].文艺理论研究,1984(1):124-128.

[21] 吴岩.论科幻小说的概念[J].昆明师范高等专科学校学报,2004(1):5-9.

[22] 弗雷德里克·勒纳.什么是现代科学小说[J].陈泽加,译.科普创作,1990(3):41-42.

[23] 金涛.科幻的科普功能[J].大庆高等专科学校学报,1999(2):50-52.

[24] 陈舒劼.知识普及、意义斗争与思想实验:中国当代科幻小说中的科普叙述[J].东南学术,2020(6):174-181.

[25] 曹丽.科幻小说与科普期刊之关系浅议[J].科技与出版,2000(3):29-30.

[26] 秦晨菲,聂馥玲.科幻电影,放大的现实:科幻电影进行科学传播的可能性分析[J].科普研究,2017,12(5):36-42,108.

[27] 教育部.关于基础教育的定义、范围和阶段[EB/OL].(2007-04-19)[2021-09-12]. http://www.moe.gov.cn/jyb_hygq/hygq_zczx/moe_1346/moe_1352/tnull_21654.html.

[28] 张秀娟.科学教育与人文教育的交融:素质教育[C]//中国教育教学丛书编委会.基础教育理论研究成果荟萃.北京:中央民族大学出版社,2005:267-268.

[29] 霍华德·加德纳.未来的教育:教育的科学基础和价值基础[J].教育研究,2005(2):12-19.

[30] 李源潮.繁荣科普科幻创作 为实现中国梦注入科学正能量:李源潮同志在与科普科幻创作者代表座谈时的讲话[C]//中国科普作家协会.科普创作通讯,2015(4):5-7.

[31] 朱九思.要从中小学抓起:科学教育与人文教育相结合的根本途径[J].中国高教研究,2002(9):19-21.

[32] 叶澜.21世纪社会发展与中国基础教育改革[J].中国教育学刊,2005(1):6-11,15.

[33] 张凡."未来小说":科幻文学的历史和形式[J].写作,2020(1):9.

[34] 刘启迪.论综合课程的绝对性与相对性[J].课程·教材·教法,1999(6):8-11.

[35] 陆跃东.在语文教学中激发儿童的好奇心与想象力[J].小学生作文辅导(五六年级版),2020(2):89-90.

[36] 余胜泉,胡翔.STEM教育理念与跨学科整合模式[J].开放教育研究,2015(4):13-22.

[37] 颜学军.英美科学幻想小说简论[J].国外文学,2003(2):33-37.

[38] 袁维新.好奇心驱动的科学教学[J].中国教育学刊,2013(5):66-69.

[39] 阎光才.创新型人才的培养需要呵护人的好奇心[J].探索与争鸣,2010(3):5-7.

[40] 高靓,潘建伟:好奇心和想象力需要教育滋养[J].基础教育论坛,2013(4X):72.

[41] Vierece G S. What life means to Einstein: interview with George Sylvester Viereck[N]. Saturday Evening Post,1929-10-26(117).

[42] 潘庆玉.想象力的教育危机与哲学思考:上[J].当代教育科学,2010(17):3-6.

[43] 宋庆珍.如何在小学语文教学中培养学生的想象力和创造力[J].科学中国人,2015(2Z):210.

[44] 潘苇杭,潘新和.养护想象力:教育的核心竞争力[J].语文教学通讯,2019(4):1.

[45] 余泽梅.陌生化与认知:作为一种社会批判的科幻小说[J].江西社会科学,2012(1):122-125.

Application of Sci-Fi Education in Elementary Education

YIN Jun[1], PENG Jiao[2]

1) Nanfang College, Guangzhou 510970;
2) Whittle School, Shenzhen 518054

Abstract The development of Sci-Fi in China has provided premise and background for the advocacy and practice of "Sci-Fi Education", which uses Sci-Fi stories as media, guides students to appreciate and analyze the stories, fuses frameworks of different curriculums to promote understanding and thinking of science knowledge and social phenomenon in the Sci-Fi imagination. It has the function to bridge between science and humanity, history and future. In the dimension of curriculum, it is a special integrated curriculum and can be combined with science, literacy and history/society. Its educational purpose is development of four core competences: curiosity, imagination, responsibility and humanistic spirit. Such application is in accordance with the curriculum reform of elementary education, and can exploit the advantages of Sci-Fi to the full.

Key words　Sci-Fi education；elementary education；integrated curriculum；core competences

作者简介

殷俊,男,江苏人,社会科学博士,广州南方学院公共管理学院助理教授。

彭姣,女,湖南人,新闻学硕士,深圳荟同学校 STEM 教师。

自媒体环境下生物多样性科学传播策略分析：以"无穷小亮的科普日常"为例

汤欣雯[1]　周　慎[1]

1) 中国科学技术大学 人文与社会科学学院，合肥　230051

摘　要　"生物多样性"议题越来越受到国际社会的关注，其中如何使生物多样性议题进入公众视野是实现公众参与保护的核心要点之一。在多元媒体迸发的时代，生物多样性爱好者作为自媒体人在短视频平台上的科学传播活动或许是实现生物多样性主流化的重要途径。本文以自媒体"无穷小亮的科普日常"作为研究个案进行分析，为当下"生物多样性"相关科学内容的创作、传播与研究提供思路。本文从传播主体、传播理念、传播内容、传播方式四个方面，对其传播策略进行讨论与分析，探讨"生物多样性"以及其他全球共性挑战话题如何在公众中实现有效传播的路径。

关键词　自媒体；生物多样性；传播策略

1　引　言

2021年5月，《生物多样性公约》第十五次缔约方大会（COP15）在云南昆明举办。作为联合国第一次以生态文明为主题召开的全球性会议，会议建构2020年后全球生物多样性框架，提出2030年全球生物多样性保护战略。在"昆明宣言"出现之前，2010年世界各国在日本爱知县定下了20项"爱知目标"。根据联合国生物多样性公约2020年发表的《全球生物多样性展望第五版》报告，自然界正经历人类史上空前的破坏与衰退。20项"爱知目标"没有一项目标完全实现，只有6项目标部分达成，部分子目标甚至更加恶化。爱知目标的第一个目标，即：最迟到2020年，人们会意识到生物多样性的价值,以及他们可以采取哪些措施来保护和可持续地利用生物多样性。由此可见,如何通过有效的科学传播与教育使生物多样性主流化,一直是国际维度上的重要议题。

我国乃至全球生态文明建设面临新的媒介环境。根据CNNIC《第48次中国互联网络发展状况统计报告》显示:截至2021年6月,我国网络视频(含短视频)用户规模达9.44亿,较2020年12月增长1 707万,占网民整体的93.4%;其中,短视频用户规模达8.88亿,较2020年12月增长1 440万,占网民整体的87.8%。在新媒体时代下,技术与设备的快速发展编织了无形的高速人际网络,媒体附着的宣传作用被尽情地放大,媒体作品对公众的影响也进一步扩大。

在"生物多样性"这类专业话题中具有典型代表性的自媒体"无穷小亮的科普日常",致力于将有趣且专业的内容传播给受众,将热点与热梗结合,注重网友投稿、评论互动等双向对话式传播,成为"生物多样性"科学话题领域的视频传播代表,对其展开案例深描,系统分析其科学传播策略,对生物多样性主流化及生态文明、可持续发展等科学议题的传播与教育具有指导意义。

2 文献综述

2.1 国内研究综述

通过中国知网(CNKI)检索,以"生物多样性传播"或"生态文明传播"为关键词或篇名的人文社科类论文有105篇(截至2021年12月19日)。从文献内容来看,主要侧重于对政治语境中生态话语的研究,例如清华大学的史安斌等[1]通过社会网络分析,对自媒体平台推特中的"碳中和"议题的传播途径和路径进行研究,较少涉及对自媒体中关于生态文明主题传播的研究。其中,中国气象局气象宣传与科普中心的李一鹏等[2]对生态文明建设中的气象科普传播效应进行分析,提出利用视频等媒体工具将气象科普渗透到生态文明建设的细节中。北京师范大学的刘梦霏等[3]以科普游戏为研究对象,研究游戏中呈现的生态环境对玩家的生态认知影响。周莹[4]的研究通过对连云港报业传媒集团在2021年内关于生物多样性融媒体新闻作品的分析,探讨如何将环保理念深入人心。南京林业大学的刘云[5]的研究从时间、内容等维度梳理了在新媒体环境下我国生态文明传播的创新变化。陈齐齐[6]通过对我国生态传播对困境分析,给出了在新媒体环境下的传播策略。

2.2 国外研究综述

国外学者对生物多样性主题交流平台的建设较为关注。Rosa C等[7]学者聚焦于研究 2004 年开始运作的巴西生物多样性研究计划(PPBio),对其中生物多样性知识传播与交流进行描述。Penev L 等[8]对与传播生物多样性数据相关的出版平台 ARPHA-BioDiv 进行研究分析。由西班牙国家委员会与北京大学城市与环境学院合作开创的开源期刊,将致力于快速传播有关于生物多样性保护的跨学科维度观点[9]。关于生物多样性主流化,Whitehorn P R 等[10]的研究结果表明,生物多样性主流化在世界大部分地区仍然是一个挑战,但某些领域的进展可以为未来提供方向和动力。Milner-Gulland E J 等[11]提出了缓解和保护层次结构,这是一种可以支撑将生物多样性纳入社会主流的框架。综合以上,国外学者对生物多样性传播及其主流化议题中缺乏在自媒体环境下进行讨论的研究与案例分析。

为了有效调动和发挥科学传播在生物多样性议题上的基础作用,自媒体平台必然充当了重要角色。本文以具体案例进行初步探索,聚焦于以生物多样性为主题的科普短视频的传播策略,选取近年优质科普短视频自媒体"无穷小亮的科普日常"作为个案,通过了解传播者,分析传播内容和传播方式,总结传播特征,呈现"无穷小亮的科普日常"自媒体短视频的传播策略。

3 案例及策略维度

3.1 "无穷小亮的科普日常"

"无穷小亮的科普日常"是科普类自媒体,专注于生物科普方向,主要由科普作家张辰亮运营。据公开数据显示,截至 2022 年 3 月 19 日,哔哩哔哩粉丝人数达到 703.7 万,抖音粉丝人数达 2 204 万,共发布 278 篇与生物鉴定相关的科普视频作品。2022 年 1 月,获得哔哩哔哩"2021 年度百大 UP 主"称号。

3.2 策略维度

科普 IP 的打造、专业内容的打磨、运营方式的革新等是自媒体实现优化路径的重点[12]。以往与科普类自媒体视频账号相关的学术研究,会以多个维度的视角切入进行详细解析。金心怡等[13]通过对视频传播主体、呈现形式、传播内容三个方面进行量化,衡量科普短视频传播效果;冯白云[14]围绕"科普中国"抖音视频的传播时间、传播内容、传播形式分析其传播特征;范佳丽[15]从传播主体、传播内容、传播媒介、传播效果等角度对科普视频账号"回形针 Paper Clip"进行传播策略相关分析。综合相关研究所涉及的分析角度,本文从传播主体、传播理念、传播内容以及传播方式四个维度对科普自媒体"无穷小亮的科普视频"进行传播策略分析。

表 1 案例传播策略的分析维度

策略维度	维度描述	案例梗概
传播主体	自媒体人	账号运营者张辰亮
传播理念	账号形象建构	"为科学打广告"
传播内容	栏目设置、内容编排等	内容的垂直输出模式
传播方式	自媒体传播方式	捧哏科普、造梗传播、"亮化工程"等

4 策 略 分 析

4.1 传播主体

4.1.1 专业基础与经验

公开数据显示,"无穷小亮的科普日常"科普账号的所属者张辰亮毕业于中国农业大学昆虫学,担任青春版《博物》杂志副主编及策划总监、《中国国家地理》融媒体中心主任、中国科普作家协会生态专委会委员。2012 年,张辰亮在《博物》杂志运营官方微博,以"博物君"的身份对于网友在微博中提出的生物鉴定问题有问必答,有网友发现了这个"活的生物百科全书",于是有什么不认识的生物出现,就会@博物君。最终,《博物》的微博平台运营成了一个智能的"十万个为什么",大众和《博物》杂志账号建立了"你问我答"双向互动关系,形成良性循环。

4.1.2 长相特征与符号

随着《博物》的知名度的提升,张辰亮也逐渐进入人们的视野。2019 年以后,张辰亮开始入驻抖音、B 站等视频平台,开始向科普视频的方向进行内容制作,其"网络热门生物鉴定"系列视频也因为张辰亮幽默风趣而科学专业的内容输出获得大量流量。张辰亮也因为外表长得像生活在高原的藏狐,被网友亲切地叫为"狐主任",甚至 B 站为其添增了藏狐表情包,这种现象级的符号传播为张辰亮再次助力。

4.1.3 科普意愿与热情

在 2018 年《科普创作》对张辰亮的采访中,他提到自幼便对昆虫表现出极大的兴趣,他的父母也支持他,并表示希望张辰亮未来能够从事他热爱的职业。本科迫于专业设置,张辰亮只能选择相关性最强的植物保护专业,研究生阶段在中国农业大学如愿完成了昆虫研究专业的学习。科研和科普之间,身为科技工作者的张辰亮认为科研的内容生涩难懂,对于大众来说很难理解,只在专门的领域中挖掘也让张辰亮觉得很枯燥,于是,最终他选择成为科普工作者[16]。

对于科普类视频号而言,专业性是账号定位的重点。专业的身份能够给公众最直观的可信任的印象。在视频内容中,张辰亮会引用书籍、文献等权威性资料对信息进行专业解读,用专业的行动印证其专业的身份,呈现其专业的理念,进一步提升可信度。

4.2 传播理念

在一次公开演讲中,张辰亮提到:"我们就是要把科学家做的事告诉大家,让大家知道原来科学家做的事这么有意思、有价值。我们要让孩子们重新想成为科学家。"[17]科普的目的不仅仅是让大众了解其中的科学知识,更重要的是燃起人们心中对科学的热情。时代在不断更迭,媒介平台在不断更新,从最初的纸媒《国家地理》杂志,再到互联网中《博物》杂志官方微博,如今走进了短视频平台,"为科学打广告"是不变的理念,并落实到对生物多样性传播行动上。

张辰亮专注于为科学打"广告",也希望将"广告"打到学生群体、农民群体中去。他的粉丝大多数是年轻人,正是张辰亮希望科普的主要人群。其一,张辰亮本身与受众年龄相近,他对受众的喜好、话语模式很了解,对他们科普无阻力。其二,年轻群体是未来社会中的主要力量,未来社会中的声音将由这群年轻人发出,话语权将交到他们手中。培养年轻人对生物保护的意识、对科学知识的热情,在未来就能整体提高公民科学素养。除年轻人之外,张辰亮还希望广大农民群众也成为科普的受众,他说:"我觉得农民群众是一个非常迫切需要接受科普的人群,因为他们和大自然的接触最为紧密。"张辰亮在日本和中国台湾地区时与不少当地农民进行过沟通,发现他们的环境保护意识很强。他也希望通过自己的努力,不断提高我国农村人口的科学素质[18]。

"为科学打广告"的重点也在于贴近群众需求。在运营《博物》杂志微博的过程中,张辰亮发现公众对于生物的可食用性经常发出疑问,人们对于什么生物可以吃、什么生物不能吃、什么生物是要被保护的都不清楚,便编写了《海错图笔记》。书中科普了生物的可食用性,也涉及各个生物在百年以来的数量变化,强调人类的捕捞、污染等行为正在减少生物数量,借此让大家意识到保护动物的重要性,呼吁人们不要随意捕捉捕捞。张辰亮在兼顾话题贴近群众生活的同时,也不忘为科学发声的最初目的。

4.3 传播内容

在运营前期,账号热度并不高。虽然内容都是与生物科普相关的,但视频主题杂乱,品种繁多,导致粉丝黏度分散。2020年4月17日,张辰亮发布的"亮记生物鉴定 网络热传生物鉴定"成为了第一条爆款视频,自此也迎来了爆火期。之后,考虑到受众的需求方向,视频被分类为日常类"身边的花鸟鱼虫"、热点类"亮记赶海"、实用类"家庭盆栽推荐"等标签合集。

4.3.1 内容的垂直输出

1. 爆款:网络热门生物鉴定

"网络热门生物鉴定"是账号中受关注度、点赞量、转发率皆最高的一个类目。截至2021年11月,此板块共更新57个视频,总播放量达到12.9亿次,其中破百万点赞的共有21个。这个鉴定模式指的是根据网友投稿来的视频,对视频中的生物进行鉴定与科普。很多视频在各大网络平台流行,视频通常被人为营造出神秘离奇的感觉,甚至用特效做出虚假内容,误导公众认知。张辰亮会对投稿视频中的生物进行鉴定,纠正认知误区,打击虚假视频。这种网友投稿,自媒体科学解读的交互方式也促成了科学传播的双向流通,专业科普工作者的科普创作能够直接满足公众的科普需求。

2. 身边:花鸟鱼虫、家庭盆栽与雨林缸

张辰亮对各种生物都会进行科普讲解。从身边来讲,公园里的花鸟鱼虫、家里出现的不知名飞行物都是受众好奇且有日常认知需求的生物,比如植物园里标错了牌子的欧洲荚蒾、脱口秀演员池子家里突然出现的白色粉螨等等。"身边的花鸟鱼虫"板块播放量达2.2亿次。同时,在他的栏目板块中还保留着小众生活爱好——盆栽和雨林缸。粉丝会通过视频产生好奇心而自我尝试,这无形中也传达对生物呵护的价值观。

3. 远方:赶海与博物学

赶海指的是居住在海边的人赶在潮落的时机,到海滩上捞捕海产品的过程。互联网上流传:"每一次赶海视频的播放都能拯救一台年轻的PPT制造仪。"这句话表达的是当下社会中人们工作、生活压力巨大,而远离内陆城市的"赶海寻宝"视频能够很好地缓解心理压力。这同时能引起受众对于赶海过程中出现生物的好奇。在张辰亮的赶海模式中,有两种情景,一种是张辰亮自己拍摄的赶海视频,他的目的与其他赶海视频制作者不一样,并不是为了捕捉海产品,而是在拍摄的过程中对遇到的生物进行科普,在科普结束之后再将其放生;另一种是来自网友投稿,对网络中的赶海视频有疑惑的用户会在评论区邀请张辰亮前来鉴定。在"亮记赶海"鉴定板块中,共有1.2亿次播放量,共有5个视频突破50万点赞量。

从地理上的远方来讲,婆罗洲的迷你大象、瑞士的松鼠、墨西哥的跳豆、美洲的黑熊都是鉴定科普的对象,这也为中国网友带来关于世界其他地区生物的知识,让他们对生物的了解更加多元,同时也促使公众对这类接触不到的生物感到好奇。"远方的博物学"板块播放量达3.8亿次。

4.3.2 内容呈现方式

1. 画面剪辑

视频的呈现方式比文字、图片更具有生动性,科学知识中的隐性知识也能够在可视化的处理下得到显性呈现[19]。张辰亮在其视频制作中,经常使用大字幕、强调性语气、生活性用词,声音自主配音,而他的北京腔调也会拉近与受众的距离。画面对生物的形态呈现清楚,对生物解释的材料清晰,信息来源的直观呈现给了受众专业感。剪辑以"呈现投稿视频展示—生物权威解读—类似相关生物科普"为一个生物的介绍周期,一个视频中通常会出现3~4个生物,整体节奏适当,对一个生物的介绍控制在15 s到20 s之间。根据心理认知学,15 s到20 s的短暂认知足以形成短时记忆,而之后内容的切换保持了新鲜感的存在。

2. 叙述风格

语言表述是科普过程中很重要的一步,科学、准确的陈述和娱乐化的表达需要按一定比例地交织方能达成很好的科普效果,有效提高科学知识普及的转化率。张辰亮在描述生物的过程中通常会使用一些修辞手法。首先,使用拟人,比如"像弹涂鱼喜欢攀岩""两只小鹦鹉说悄悄话"。其次,使用平静的语气陈述幽默直怼的话语,从而形成反差感,比如描述紫蓝曼蝽的气味"臭不臭我不知道,没闻,但多少带点臭";再比如拍摄赤蜻时,赤蜻飞走了,"哎,还不让看,还不让看了""信任我的昆虫我观赏完了就给它自由,不信任我的昆虫,一直是自由的";而当他被蜥蜴咬住后尴尬表示,"我这就是解闷儿"。在描述虹彩枝背海牛什么都吃的时候,张辰亮描述道:"我闺女吃饭要是跟它似的这么让人省心就好了。"用生活化的语言描述生物现象,把晦涩难懂的专业知识转为通俗易懂的科普表述。这样的语言处理方式可以顺利降低科学知识的接收门槛,让受众有效理解科学信息,在接收信息的过程中也体会到生活趣味。

4.4 传播方式

4.4.1 造梗

《网络热传生物鉴定》的结尾是"水猴子"时间。这里提到的"水猴子"大多是模糊的照片或没头没尾的视频中出现的和水有关，但是长相难以辨认的生物。"水猴子"作为一个梗受到关注。造梗的意思就是创造视频中笑点，来增加用户的记忆强度，在保证内容质量的前提下，诙谐幽默的"梗"和表达方式削弱了知识性科普的严肃性，增添了传播过程的愉悦感。正如斯蒂芬森在《大众传播的游戏理论》中所提到，"大众传播之最妙者，当是允许阅者沉浸于主观性游戏之中者"。

在造梗策略的运用下，"水猴子"已经成为了一个符号。"我很难说清楚它到底代表什么，但是我觉得它代表了一些东西，比如说谣言、不靠谱的东西、虚头巴脑的东西。然后跟科学之间，它有一种既对抗又协作的很复杂的关系。"[20] 水猴子压根不存在，相比视频前面那些真实存在的生物，它显得非常荒诞。某种程度上，水猴子就代表着我们所面对的世界。"这个世界里面有好的、积极的、靠谱的，也有像水猴子这种荒诞的。有的科普人认为水猴子这一类东西完全不值得一讲。但就是因为科普人不说，所以很多人认为水猴子是真的。水猴子谣言在今天看来荒诞不经，但如果科普工作者在这时候缺位，它还真有可能造成社会巨大的动荡，我在每期视频结尾辟谣一个水猴子，一个是为了提醒自己，一个是为了提醒大家，不要让类似的事情重演。"[21] 谣言如果不及时粉碎，越传越广造成的危害可能更大。此类视频科普过程会经过多方求证、交叉信源、查阅资料等过程，力证内容的可靠性。

4.4.2 互动

短视频贴近于生活且存在语音、语调、画面等信息，将过去分隔在不同知识系统的大众聚集在同一信息场景下。这种传播模式既能传递"内容"讯息，也能传递"关系"讯息。由于网民学历水平整体不高，平台中时常会出现令人啼笑皆非的用户内容。张辰亮所创作的视频通过对这类投稿视频进行"鉴定"，辟谣的同时也达到了科普的目的。这种类似"你问我答"的形式是之前微博时代的延续，同时因为谣言和真相前后强烈反差，受众观感也更加直观。

除了内容创作来自用户投稿，弹幕文化也加强了互动的有效性。科学传播的对话模型强调科学家与公众进行平等互动沟通的对话状态，科学走下神坛，公众可以质疑科学家。科学理解公众和公众理解科学同样重要，形成一种以受众为中心的双向互动模式。弹幕文化的内核似乎与这一模式不谋而合。尽管科普工作者努力用通俗易懂的语言向普通大众传播科学知识,但总是难以保证自己的每个思想都被充分理解,受众在观看过程中如果产生困惑,直接用弹幕发起提问,可以得到其他观看者的解惑,抑或是视频生产者亲自解答。

4.4.3 体式

"亮记生物鉴定"这个系列的成功为科普领域提供了新的参考对象,一股"视频鉴赏"的热潮从生物学开始,不仅走向医疗养生、物理、化学等自然科学领域,而且还被军事、萌宠、历史、美食、艺术等多样化的领域所借鉴学习。而这些领域的 up 主几乎都对张辰亮有着不同程度的模仿,从封面风格、剪辑模式到转场音效,甚至内容文案和说话方式。大量博主开始采用"鉴定一下网络热门视频"的体裁,以这样幽默风趣的形式同时紧抓热点,带动知识的传播,这也被一些网友亲切地称为"亮化工程"。而模仿张辰亮的视频风格也带动了其他专业知识型科普视频有效传播,形成了科普类视频进行专业知识传播的套用公式。这种体式的传播也反过来作用于"无穷小亮的科普日常"的账号营销,进一步带火张辰亮的科普视频。

5 启　示

自媒体科学传播的成功案例对主流媒体或其他专业机构具有一定影响意义,对其中的价值理念、话题输出、传播方式进行总结,延伸视角和思考到国际维度,将助力生物多样性主流化发展。

5.1 专业科普:为主流媒体提供科学内容

从自媒体账号"无穷小亮的科普日常"的运营路径来看,这对主流媒体或其他学科的专业权威机构在社交媒体平台中进行科学普及活动都具有参考价值。张辰亮所任职的《博物》杂志由《中国国家地理》杂志社出品,主管单位是中国科学院,由中国科学院地理科学与资源研究所主办。"无穷小亮的科普日常"是张辰亮的个人社交媒体账号,并没有依托于专业机构,却实现了专业知识"下台"传输,对"台前"杂志内容实现有效补充。科普内容的输出除了坚守传统形式上的呈现,主流媒体和专业机构还可以依托自媒体平台在"幕后"实现个人形象化的科普角色。如《新闻联播》通过建立《主播说联播》《康辉的 Vlog》等新媒体栏目,让主播以个人为单位呈现在媒体当中,获取更多网络流量的同时,实现台前幕后双维度的互动,科普传播领域同样可以借鉴这种形式。专业知识和背景身份为个体传播提供背书,个体传播为台前机构补充内容、引导流量,实现全媒时代的信息融合和品牌重塑。

为了完成对生物的精准识别和科学陈述,在垂直领域的专业人才需要成为传播主体。同时,对于从事专业知识传播的人员来说,"专业"是一个非常必要的人设,公众会将他们本身所具有的这种专业的印象附加在这些传播者所传递的信息当中,并对信息表示出信任的态度。自媒体的迸发让人人都有参与科学传播的机会,但也导致涌现出大量的伪科学信息,而人类心理认知机制不能支持他们主动关注和学习与自己生活没有直接关系的科学知识[22]。这时,拥有在专业领域深耕的经验,并拥有专业知识的科研工作者将获得发声的机会,也会获得被公众听见的机会。

5.2 价值理念:贯穿科普叙事与传播全程

"无穷小亮的科普日常"在对公众进行解答或传播的过程中,会主动强调某种生物的现存情况,对稀有物种会进行多次描述,这是在科普叙事中贯穿的"保护生物多样性"的价值阐释。同时,从画面上可以看出,在对生物特征或生物活动进行现场画面录制的过程中,张辰亮对待生物的动作也是在对"保护"一词进行行动上的栓释。"保护生物多样性"议题的传播不仅仅需要在专业知识体系上建构完整的信息框架,还需要将价值理念贯穿于整个科普视频的叙事过程。

同时,科普信息传播的过程并不是信息从科普者传向用户就完成的。专业科普工作者不但肩负着传播正确且科学的生物知识的社会责任,还要主动识别网络中存在的错误传播,用自身的专业知识为公众再次把关,粉碎谣言。这种专业素养的呈现同时也会感染受众,除了帮助公众认识到保护生物多样性的重要性,也会提高公众的科学素养。各领域的科普都应该将这种正向价值贯穿于科普全程。

5.3 内容话题:聚焦垂直输出与双向互动

生物多样性主题的科普重点在于对生物的精准识别与科学陈述,但与"回形针Paper Clip""丁香医生"之类的医学科普或是"老师好我叫何同学"这类的科技普及等,是存在差异的。生物多样性虽然存在于人类的身边,但大多数人并不会对此给予足够重视,因为不具有与自身利益的直接相关性,其中的共情力会不足。所以在生物多样性主题的科普传播中,联系日常生活与生物多样性的联系,比如张辰亮抓住"什么生物可以食用"的话题更易引起公众的注意。

同时,张辰亮关注受众对他的提问,因为这些问题与受众需求相关,这形成很好的双向互动效果。比如,好奇日常遇到的小动物小昆虫、困扰于家中出现的不知名生物等。Wynne[23]认为真正的公众参与科学,应该抛弃科学这种主导地位的理念,让其与各种有意义的知识平等对话。进入社交媒体时代,科学传播辐射的范围不再仅仅局限于物理、化学、生物等传统科学领域,社会、经济、环保等议题也可纳入其中。为了获取注意力资源、实现知识变现,如今的内容策划往往以满足公众的好奇心为起点,以回答公众对科学的疑问为导向,实现有效的双向传播。

5.4 传播方式:打造新颖模式与沟通机制

无论是呈现公式的构建、捧哏互动的沟通,或是符号铺梗的打造,这些都是自媒体环境下新颖传播模式在科普传播中的体现。张辰亮在频道中还会创作"网络鉴定热门同事"这样的内容,给大家呈现生物研究领域的科学工作者的日常,带领受众了解生物领域的工作者。

如今多样化媒体平台的迸发,伴随着更加多元的传播模式的存在。多元的传播模式也将提升科普传播效果。比如,如今视频的弹幕机制,其中的匿名化模糊了科学家与普通公众之间的身份界限,内容的生产者、再生产者和消费者通常"三位一体",促进了公众的真实自我表达,将公众与科学家(或科普工作者)摆到了真正平等的沟通位置上。高互动性、高开放性的弹幕机制为科普工作者和被科普受众之间营造出一种良好轻松的学习和沟通氛围。而视频生产者通过受众在视频每个节点的反馈,可以更加清晰地了解受众对科学的理解过程,明确自己科普创作的优缺点,并加以反思和改进。

5.5 传播拓展:接轨国家政策与国际议题

生物多样性相关议题的科学传播也应该关注国家政策和国际议题的重点变化。《中国公民科学素质基准》基本涵盖公民需要具有的科学精神、掌握或了解的知识、具备的能力。基准15"了解生命现象、生物多样性与进化的基本知识",专门指出了需要了解生物多样性的相关的知识。此外,基准6、基准7、基准26也都针对与生物多样性联系紧密的环境相关的知识。与此同时,新冠疫情的持续提醒人类重新审视人类与自然的关系。联合国秘书长古特雷斯指出,新冠肺炎揭示出令人震惊的人与自然关系,诸如人类对待自然的方式与衍生而来的新兴传染病,但也提供了改变的机会。科学工作者对全球可持续发展目标进行有效诠释,也将助力于生物多样性相关知识的有效传播与主流化趋势的形成。

参 考 文 献

[1] 史安斌,童桐.习近平生态文明思想国际传播的图景与路径:以推特平台"2060 碳中和"议题传播为例[J].当代传播,2021(4):39-44.

[2] 李一鹏,孙楠,何孟洁,等.新时代生态文明视域下气象科普传播作用及对策研究[J].

科技传播,2021,13(4):39-41.

[3] 刘梦霏,牛雪莹.科普游戏新模式:以共创开发促生态认识[J].科学教育与博物馆,2021,7(3):160-171.

[4] 周莹.地市媒体环保新闻的"连云港探索":关于连云港报业传媒集团生物多样性专题报道的分析[J].中国地市报人,2021(9):92-94.

[5] 刘云.新媒体视域下我国生态文明传播的嬗变与策略[J].南京林业大学学报(人文社会科学版),2020,20(2):102-112.

[6] 陈齐齐.新媒体视域下生态文明传播的困境及发展路径[J].新闻研究导刊,2017(16):97-98.

[7] Rosa C, Baccaro F, Cronemberger C, et al. The program for biodiversity research in Brazil: the role of regional networks for biodiversity knowledge, dissemination, and conservation[J]. Anais da Academia Brasileira de Ciências, 2021(2):93.

[8] Penev L, Georgiev T, Geshev P, et al. ARPHA-BioDiv: a toolbox for scholarly publication and dissemination of biodiversity data based on the ARPHA publishing platform[J]. Research Ideas and Outcomes, 2017, 3: e13088.

[9] Margalida A, Luiselli L, Tella J L, et al. Conservation: a new open access journal for rapid dissemination of the transdisciplinary dimensions of biodiversity conservation[J]. Conservation, 2021, 1(1): 17-20.

[10] Whitehorn P R, Navarro L M, Schröter M, et al. Mainstreaming biodiversity: a review of national strategies[J]. Biological conservation, 2019, 235: 157-163.

[11] Milner-Gulland E J, Addison P, Arlidge W N S, et al. Four steps for the earth: mainstreaming the post-2020 global biodiversity framework[J]. One Earth, 2021, 4(1): 75-87.

[12] 梁宇婷.科技类视频自媒体运营模式分析[J].科技传播,2021,13(23):6-11.

[13] 金心怡,王国燕.抖音热门科普短视频的传播力探析[J].科普研究,2021,16(1):15-23,96.

[14] 冯白云.科普类抖音账号的运营策略:以"科普中国"为例[J].青年记者,2019(26):100-101.

[15] 范佳丽.5W视角下"回形针PaperClip"科普短视频传播策略研究[D].石家庄:河北经贸大学,2021.

[16] 张晓磊,张辰亮.博物君的科普人生[J].科普创作,2018(4):28-31.

[17] SELF格致论道讲坛.神秘网红博物君从卖萌到高冷[EB/OL].2016-06-29.https://m.iqiyi.com/v_19rra32nro.html.

[18] 周世琪."无穷小亮",为科学打广告[J].恋爱婚姻家庭(下半月),2021(9):50-51.

[19] 王艳丽,钟琦,张卓,等.科普短视频对知识传播的影响[J].科技传播,2020,12(21):1-6.

[20] 王雅娜.张辰亮:搞笑与严谨,科普"顶流"的AB面[J].时代邮刊,2021(16):54-55.

[21] 科普圈顶流与水猴子的恩怨情仇|专访无穷小亮[EB/OL].(2021-05-30)https://card.weibo.com/article/m/show/id/2309404064257639238861²? ua = Mozilla%2F5.0 + %28Linux%3B + Android + 10%3B + HMA-AL00 + Build%2FHUAWEIHMA-AL00%3B + wv%29 + AppleWebKit%2F537.36 + %28KHTML%2C + like + Gecko%29 + Version%2F4.0 + Chrome%2F83.0.4103.106 + Mobile + Safari%2F537.36HMA-AL00_10_WeiboIntlAndroid_3860.

[22] Lupia A. Communicating science in politicized environments[J]. Proceedings of the National Academy of Sciences, 2013, 110:14048-14054.

[23] Wynne B. Public engagement as means of restoring trust in science? hitting the notes, but missing the music[J]. Community Genetics, 2006, 10:211-220.

Analysis of Biodiversity Science Communication Strategies in the We-Media Environment — Taking "Infinite Little Liang's Science Popularization Daily" as an Example

TANG Xinwen[1], ZHOU Shen[1]

1) School of Humanities and Social Sciences,
University of Science and Technology of China, Hefei 230051

Abstract The issue of "biodiversity" has drawn increasing attention from the international community, and one of the key points to achieving public participation in conservation is how to mainstream biodiversity. In this day of multi-media explosion, the science communication activities of biodiversity enthusiasts as self-mediamaker on short video platforms may be an important way to achieve biodiversity mainstreaming. This article used "Infinite Little Liang's Science Popularization Daily" as a case study to provide ideas for the creation, dissemination, and research of current scientific content related to "biodiversity". This paper discussed and analyzed its communication strategies from four aspects: communication subject, communication concept, communication content, and communication method, and discussed how to achieve effective public communication on "biodiversity" and other global common challenges.

Key words biodiversity; science communication; self-media

作者简介

汤欣雯,女,江苏扬州人,中国科学技术大学人文与社会科学学院新闻与传播专业 2021 级硕士研究生,研究方向为科技传播与科学普及。

周慎,男,浙江衢州人,博士,中国科学技术大学大学科技传播系特任副研究员,主要从事科技传播与科技政策研究。

基金项目

中国科学技术大学青年创新基金项目"助力实现碳中和目标的科学教育与传播路径研究"(WK2110000017)。

"科学"伪装的利用：
对美国"科学神创"运动的反思

杨 正[1)] 卫星悦[1)]

1) 苏州大学传媒学院，苏州 215000

摘 要 "科学神创"运动是20世纪60至80年代发生在美国的一场利用科学来证明神创论的宗教运动。通过历史梳理与文献研究的方法，笔者对这一宗教运动的始末进行分析，试图展示该宗教运动是如何利用"科学"形象作为外套与论战武器，并最终为广大公众所接受的过程。最终，基于"科学神创"运动中科学与伪科学的区别、伪科学对于科学的利用以及科学与公众之间的关系，结合当下中国存在的科学谣言，对如何能够有效避免伪科学论断的再次流行进行了思考。

关键词 科学神创主义；达尔文主义；科学外衣；公众态度

1 引 言

20世纪60年代，美国境内发生了一场神创论者与达尔文主义者争执世界起源的运动。在这场运动中，神创论者放弃了原有的宗教论点，而选择采用所谓的科学论点为自身的理论寻找支持。这种以科学为外套而进行神创论宣传的运动在美国被称为科学神创运动（creation science movement）。这一场科学神创运动持续时间虽然不长，但是却深刻影响了美国当代人对于达尔文主义和神创论主义的认识，甚至进一步影响了他们对于科学、社会与宗教之间关系的理解。当下中国，打着科学旗号的宗教运动、伪科学运动以及商业传播活动层出不穷，例如最近的量子佛学理论等。科学逐渐从被人们尊敬和崇拜的神坛上退下，并成为了一种达到特定目的而采用的包装手段。而在精美的科学包装下，广大受众往往不具备精准区分科学与非科学以及伪科学之间的能力。国内针对这一领域的研究大多关注当下情况，缺乏对于历史相似情境的反思。因此，重新梳理美国科学神创运动，从中整理宗教是如何被"科学"所包装并借此以影响大众,对我们当下理解科学、科学传播与社会的关系,理清社会传播体系中科学与伪科学之间的区别,以及进一步避免当前中国所出现的科学被宗教或商业过度利用的情况均有所帮助。

2 科学神创运动的历史

2.1 前声——达尔文主义与神创主义的争论

科学神创运动虽然具体发生在20世纪60年代至80年代之间,但有关神创主义与达尔文主义之间的争论却可以追溯到19世纪末。神创主义与达尔文主义之间的长时间争论一方面为科学神创主义提供了一定的理论基础,另一方面神创主义表面上的节节败退也为科学神创主义的出现提供了最为直接的刺激因素。

1859年,达尔文发表《物种起源》时,就受到了来自宗教势力的极大反对与批判。因为,达尔文主义认为包括人在内的所有生物,都是从共同的祖先经过漫长的演变而来的。这种理论与宗教势力,特别是与基督教所持的《圣经》创世纪理论相矛盾(《圣经》记载上帝用六天时间创造了天地万物)。当时,达尔文主义者为这一矛盾寻找的解决办法是"指出圣经不应该在字面上进行解释,它应该被看成是寓言性的或者是象征意义的"[1]。这一种试图融合达尔文主义与神创主义的努力并没有得到广大基督教众的接受。

这种争论在美国显得尤为突出。根据盖洛普公司2019年的调查,目前为止,美国仍约有40%的成年人信奉神创论,这一比例远高于英国及欧洲大陆。19世纪末,随着越来越多的公立高中开始教授进化论,美国民众对于这一争论的热情也水涨船高。尤其在美国的南部诸州,许多福音教派的信徒一直不愿意改变自身的宗教信仰来适应科学发展带来的达尔文主义。他们坚持认为神创论正确无误,而进化论则是对正确事实的扭曲。这种争论在第一次世界大战时达到顶峰[2]。

2.2 预演——猴子审判(Scopes Trial)

随着越来越多的公立学校开始教授进化论的相关内容,宗教势力的反对声音也甚嚣尘上。最终于1925年爆发了著名的猴子审判(又称美国猴子案件)。1925年3月23日,美国田纳西州颁布了著名的巴勒特法案,禁止全州公立学校在课堂上讲授"人是由低等动物,如猴子,进化而来"的进化论理论。法案颁布后一度引起了以达尔文主义者为代表的一系列自然科学界人士的强烈反对。在此背景下,一名田纳西州的物理教师科普斯冒险在课堂上讲授进化论及达尔文主义思想。随即,这位教师被以违背州法的罪名控告,最终被处以相应的处罚。虽然科普斯最终只被定为轻罪,所受的处罚也仅为罚金[3]。然而这样一场审判所带来的结果却是神创主义的暂时性胜利。

然而神创主义短暂性的胜利在持续了近 30 年后,遭受到了严峻的反击。1957 年,苏联成功发射了第一颗人造卫星,由此揭开了美苏两国在空间科学以及其他各科学领域内的竞争。1958 年,美国联邦政府颁布了《国防教育法案》,重新评估全国的科学教育水平并制定科学教育方针。基于《国防教育法案》,美国生物科学教育委员会(Biological Sciences Curriculum Study)于 1963 起草了新的全国高中生物科学教育准则。这一新的教育准则明文规定将全面讲授进化论,并将神创主义及其他非科学、伪科学主张从教材中剔除出去。在科学竞争的大背景下,1967 年,田纳西州废除了 1925 年颁发的巴勒特法案,至此,长达四十余年的猴子审判风波到此暂时告一段落[4]。

2.3 高潮——科学神创主义的 20 年

20 世纪 50 年代末至 60 年代初,美国对于进化论及达尔文主义的推崇使得当时的神创论者及其背后的宗教势力感受到了前所未有的压力。他们不得不重新宣扬神创主义的合理性与正统性。然而在全国上下对科学理念推崇和对科学逻辑的学习中,利用传统的圣经说已经无法完全获得广大民众的支持与信服。于是,一种全新的为神创主义进行辩护的理论体系亟待提出。

1961 年,美国神创论者约翰·科姆以及亨利·莫里斯共同发表了《创世纪洪水》(*The Genesis Flood*)一书[5],书中约翰与亨利重新阐述了 1923 年由神创论学者及地理学家乔治·麦克里迪所提出的新灾变论(Catastrophism),指出当下的地理环境与地质构造均是由大洪水所造成的。然而不同于乔治基于圣经及其他成文文献的引用,约翰与亨利试图从当时的科学逻辑出发对灾变论进行维护。他们提出就他们所发现的化石证据与地质线索,足以证明地球的历史只有一万年左右。同时,化石证据也表明所有的大陆都曾遭受过同一时期的洪水侵袭。虽然在《创世纪洪水》中,约翰与亨利没有有效并清晰地提供出有力的现实证据来支持灾变论,他们所使用的化石证据也大多模棱两可[6],但是他们这种试图用科学逻辑以及证据证明的论证方式却被后来的神创主义者所采纳。科学神创运动也正式由此开始,亨利·莫里斯也因此被称为科学神创主义之父[7]。

科学神创主义从 20 世纪 60 年代初被提出以后,一直致力于通过科学逻辑论证的方式来证明神创论。他们主要的观点集中在以下方面:① 宇宙与生命是突然间从无到有,被创造出来的;② 并没有充足的科学证据可以证明所有的生物都是由简单的祖先通过自然选择演变而来;③ 动物和植物形态与性状的改变是十分有限的;④ 人与猿猴有着不同的祖先;⑤ 地球上的地理现状是由大洪水等灾难事件所造成的等。在这些主张中,科学神创主义者故意模糊了一些由圣经提出的明显具有宗教性质的论断,如上帝六天创造论,亚当夏娃是所有人类的单一祖先等[8]。这些论断被亨利·莫里斯加以总结并论述,最终形成了科学神创主义的集大成之作:《科学神创论》(1974)(Scientific Creationism)[9]。在该书中,亨利·莫里斯运用了地质学、化石证据、宇宙学、辐射论等多重科学证据试图证明上述的神创理论。同时,他还通过科学论证指出,进化论当下仍然没有足够的科学证据可以进行支撑,所以进化论与科学神创论都是用以解释世界形成的平等的科学理论,应当在各类学校中获得平等的对待[10]。

亨利·莫里斯的观点得到了当时几乎所有的神创主义者的支持。他们重新开始燃起了活动的热情,并强烈要求各个州立法保护神创主义在学校中得以教授的权利。于是,原本较为单纯的神创论与进化论之间的争辩逐渐演化成了一场轰轰烈烈的社会运动。在神创科学运动中,神创论者不仅使用科学手段为自身的合法地位进行辩护,而且更进一步强调自身运动的政治合法性。在一份由科学神创主义者所提交的法案申请书中,他们明确指出,之所以倡导在学校中讲授科学神创论,是为了保证整个学术界的自由,保障学生自由选择所信仰的科学理论的权利[11]。随着科学神创运动的蓬勃发展,许多州政府与公立学校开始逐渐妥协并接受了科学神创论者所提出的公平对待神创论与进化论两种理论的提议,开始在学校中同时讲授两种完全不同的有关世界起源的理论。1981 年,阿肯色州通过 590 号法案,宣布公立学校必须给予科学神创论与进化论两种理论同等的授课时间[12]。这一法案的通过标志着科学神创主义走向了高潮。

2.4 结局——1987 年最高法院审判

然而科学神创主义运动的胜利并没有持续很久。1981 年前后,在受到阿肯色州 590 法案成功颁布的激励下,十余份相似的法案在弗罗里达州、爱荷华州、明尼苏达州、南加州以及印第安纳州等地纷纷被提交,然而这些法案或是被直接否决,或是在投票中败阵,无一得以实现。在接下来的几年中,科学神创主义遭受到了以进化论者为代表的科学家群体的猛烈抨击。他们指出,打着科学旗号的科学神创论根本就是伪科学。在 1982 年的阿肯色州大论战中,进化论者及其背后的科学家群体直接指出了科学神创主义的几大科学漏洞,并直接将其排斥在科学殿堂之外。他们指出,科学神创论的世界突生于无的理念无法被证实亦无法被证伪;灾变论无法在科学逻辑上完成自洽;神创论所宣称的人类与猿猴并非同一祖先的论点缺乏科学证据;神创科学用以区分人与动物的"种类"并不具有科学性等[13]。这些基于科学逻辑的抨击很快就得到了大多数州立政府与法院的支持。神创科学运动再也没法像前20年一样迅速发展。虽然他们进一步提出了基于上帝神创论的智慧设计理论(Intelligent Design)来进行回应,但是所得成果均不明显。

1987年,美国最高法院对神创科学理论做出了最终裁决。最高法院裁定神创论与科学神创论均属为宗教范畴内的概念而非科学概念,因此不能在公立学校中得到拥护与讲授[14]。至此,神创科学运动宣告失败。虽然之后仍有许多科学神创主义者继续尝试用科学手段进行辩护,如1989年所发表的《生物与神创论》一书尝试从生物学的角度来对神创论的科学性进行辩护,但是并没有引起广泛关注。随后的上帝智慧设计运动(Intelligent Design),虽然将创作者的观点转化为设计者的观点,但科学逻辑的内涵仍然无法有效地融入宗教逻辑中,例如,宗教所强调的上帝设计过程中基于上帝全知全能的偶发的神迹现象与既定的、可探究的、不变的物质规律之间难以调和的矛盾[15]。

科学神创主义这种以宗教为内涵,以科学为外衣的融合方式既受到了科学界的抵触,也不完全为传统宗教界所接受[16],但这种对于宗教与科学的尝试性融合却为当时科学与宗教的极端分离现状提供了一条新的互动思路。不过,科学与宗教的此次尝试性融合最终还是以失败告终,并且在此之后科学界彻底地将与宗教有关的概念剔除在科学范畴之外。科学神创运动在尝试融合宗教与科学思想的同时,却也将这种互动带入了绝境。

3 神创科学在科学框架内的反击

本文的重点其实并不在展示科学神创主义的历史发展,而是希望从科学神创运动中发现宗教或是非科学观点是如何运用科学外衣进行自我辩护的。总结科学神创运动的发展过程,可以发现,科学神创主义对于科学外衣的运用几乎已经达到了全面而系统的地步。具体而言,其所利用的科学外衣主要体现在以下四个方面:科学逻辑与科学论证方法的运用;"科学证据"的提供;科学组织形式的运用以及"科学成果"展示。

3.1 科学逻辑与科学论证方法的运用

科学神创主义在创立与发展的过程中,其所面对的最大的敌人便是进化论。然而在与进化论进行论争的时候,科学神创主义并没有像传统的宗教神创主义一样采用《圣经》作为一切论争的证据来源。他们尝试使用科学性的话语以及科学论证的逻辑来证明进化论的非科学性,从而为自身的科学性进行辩护。

他们首先批评进化论缺少最为直接且充分的客观证据。科学神创主义者指出,进化论所依赖的化石证据在时间上并不连续,在空间上并不具备足够的广泛性。同时,支持人与猿猴来源于同一祖先的观点也缺乏最为直接的化石证据[17]。所以进化论并不能够成为一种可以被接受的科学理论。

随后,他们又对进化论所提出的理论逻辑进行攻击,他们认为达尔文提出进化论完全是基于个人的经验,是他个人旅行经历的感性表达而非理性演绎。他们指出达尔文在许多植物与动物的分类上缺乏科学性,完全是凭借自己的经验与感官体验来加以分类与命名[18]。所以,达尔文主义及其所包含的进化论在整体上就缺乏科学所应具备的客观性。

最后,也是最具有攻击性的一点,科学神创主义利用科学的定义与逻辑指出,进化论并不是科学理论,最关键的是在于这一理论不具有可重复检验性,强调进化论在达尔文提出之后便不再有人进行重复实验[19]。不可实验性与不可重复性成为了科学神创主义攻击进化论最为有力的武器。

虽然科学神创主义并没有利用科学逻辑为自身的科学合理性提供十分有利的证据,然而在攻击其最大的竞争对手——进化论方面却起到了十分重要的作用。科学语言而非宗教语言,科学逻辑而非宗教逻辑的运用使得科学神创主义在与进化论进行论战时显得十分具有科学性。

3.2 "科学证据"的提供

在科学神创运动发展的过程中,科学家群体对于这一理念最为直接的攻击便在于指出科学神创主义无法有效提供可以证明其理论的客观证据。虽然这一指责也被科学神创主义者反过来诘难进化论者。但是无法提供科学证据仍然是摆在科学神创论面前最为严重的问题。

1970年,科学神创主义者罗伯特·金特里开始试图采用放射性元素的半衰期理论来支持神创理论。他联合其他神创主义者宣称,他们已经完成了相关的科学实验,并证明所谓的15亿年前发生的核衰变其实是在很短的时间内迅速完成的。他们进一步将这种宣传理论化为"亿倍衰变理论",即放射性元素的衰变速度其实比科学家们所宣称的速度要快上亿万倍[20]。这种看似玄妙的"科学理论"一时间被广大神创主义者所接受并广泛传播开来。许多对物理学知识知之甚少的普通公众很容易就被这种科学性的外衣所感染,从而相信整个世界其实只是在一万余年前突然产生的。

除了"亿倍衰变理论"之外,地理学与生物学也是科学神创运动经常采用寻求科学证据的领域。科学神创主义者们通过搜集化石及地质资料,宣称当前各大大陆都曾在相似的时间内遭受过洪水的袭击,以试图证明大洪水等世界性灾难的存在并对当下的地质构造产生了决定性的影响。此外,动植物之间的微小差异也被他们用来证明是上帝创造使然而非缓慢进化出现的理由。

3.3 科学组织形式的运用

神创科学者们在与系统化的科学家群体进行论战的时候发现,松散的组织结构使得其自身的论战力量被大范围削弱。从19世纪末开始,以英国皇家学会、美国科学促进会、美国国家科学委员会等为代表的科学界组织就开始集中力量宣传进化论与达尔文主义,并组织相应的科学家对神创理论进行辩驳。缺乏系统组织的神创主义者仍然依赖着以教会与教堂为中心的小型活动中心,孤立地进行论战。

20世纪60年代前后,随着神创主义对于科学方法的吸收,他们逐渐发展,但要想与进化论一较高下,就必须系统地吸纳、团结全国范围乃至全世界范围内的科学神创者们,于是类似于美国国家科学委员会等专业科学组织的组织形式开始被科学神创主义者所采用。

从20世纪50年代开始,全球各地陆续建立起了超过50家科学神创主义研究机构,其中最具有代表性、影响范围最大、会员最多的是20世纪60年代前后建立在美国的4家研究机构:圣地亚哥的神创主义研究中心(the Institute for Creation Research,ICR);密歇根安娜堡的神创科学研究会(the Creation Research Society,CRS);堪萨斯威奇托的神创、社会与人类研究会(the Creation, Social Science and Humanities Society,CSSHS)以及明尼苏达州明尼阿波利斯市的圣经科学研究会(Bible-Science Association,BSA)[21]。这四个组织都有其系统的组织建构,并在特定的领域内与进化论进行论战。如ICR主要关注在K-12(kindergarten through twelfth grade)进行科学神创教育。CSSHS主要注重从心理学角度对神创主义进行辩护。

在这四家机构中,ICR规模最大。在公众活动中,它从不宣称自己是一个宗教机构,而是以一个科学组织的形象出现。他们定期组织"科学"活动,召开"科学"讲座,并组织公众参观其研究机构。从传播与普及的手段看,ICR是十分成功的。以至于当时美国生物教师联合会(The National Association of Biology Teachers)都称赞ICR是一个"组织完善、资金充足、活动丰富"的科学机构。

这种类似于科学组织的建构一方面使得科学神创主义能够团结全国乃至全世界的力量来与进化论进行论战。另一方面,以这种组织形式为外衣而对公众进行的各类活动也显得更为"科学"化,从而更有助于神创主义者为自己在科学界身份合法化产生推力。

3.4 "科学成果"的展示

与科学界的论战不仅使得神创主义者们意识到建立自己组织的重要性,同时也发现了拥有自己言论阵地的必要性。于是,神创主义者也模仿着科学界开始创办各类的"科学"杂志。上述的四大科学神创主义机构均办有自己的"科学"杂志,或月刊、或季刊。神创主义者们通过这些期刊来发表自己的言论,公开自己的"科研"成果。

但是仅有自己的期刊是远远不够的,这些期刊创刊时间短,影响力有限,无法有效地打入到科学界内部。所以,要想真正地在科学界以及公众面前展示他们自己的"科学"成果,神创主义者依然需要借助科学界内的科学期刊的帮助。但是,成熟的同行评议科学类期刊无法发表他们带有明显宗教色彩的"科研"论文。于是,以CSSHS为代表的一批神创主义者开始另辟蹊径,他们从社会科学、人类学、心理学等角度出发,采用民意调查等社会科学研究方法来对神创主义的合理性进行维护,并在相应的社会科学期刊中发表其研究成果。虽然没有被真正的科学界所接受,但在权威的社会科学期刊上发表学术论文仍然让这些科学神创者们沾沾自喜,认为自己的研究受到了科学界乃至公众的认可。

4 基于神创科学对中国当下科学与公众的反思

回归到本文的写作目的:通过对于科学神创主义发展的分析,讨论非科学或伪科学命题是如何利用科学外衣来迷惑公众的。

回顾一下当下社交网络上流行的几大谣言:"国家863计划研究结果表明,喝某品牌凉茶可以延长寿命大约10%,消息获得了华大基因总裁的高度认同";"经科学验证,化疗的5年存活率只有2.3%";"BBC 6月15日消息,霍金再发警告不要登月,科学家证实外星人就在月球背面"以及和神创科学更为接近的运用量子力学理论来宣传佛教思想的"量子佛学"。这些谣言最大的特点,也是与科学神创运动最为相似的特点,就是对于科学外衣的运用。从科学实验过程的叙述,到对于著名科学人物的形象引入。这些谣言在传播的过程中之所以能够为广大的公众所接受并信任,最主要的原因便在于这种伪装的科学性[22]。

以"量子佛学"为例,2013年河南人民出版社出版了一本题为《量子佛学》的"专著",试图运用量子物理理论来论证佛学的"科学性"。该书的作者从如何证明电子是无处不在的开始谈起,继而用量子物理里的不确定性来论证佛法中的"空"以及涅槃境界的存在。该书宣称"以前所未有的科学方式,直趋明心见性和顿悟佛学实相"。究其本质,与神创科学运动运用所谓的科学证据来证明上帝存在如出一辙。且这种荒谬的结论竟然业已出版,且在公众中广为流传。这是因为"量子佛学"中这些似是而非的科学论证对于当下崇尚科学的中国公众来说十分具有诱惑力。接收到这一信息的公众很快就将这种高深的科学理论与佛家思想关联起来,从而将对科学的信任转嫁到这些宗教结论上。

此外,研究进一步表明当下的中国公众,特别是互联网公众,对于社会问题已经发展出了一套思考体系,即该信息的来源是否可靠,该事件的双方是否都得到了准确发声,我们所看到的有关社会事件的信息是否真实等[23]。然而当这些流传在社交媒体上的信息一旦与科学相联系,公众的思辨能力就显现出了明显的退化[24]。这一方面是因为我们当下社会对于"科学"这一概念的过度信任化,与"科学"相关联的概念在公众心理中均存在较为高端化、可信化的形象建构。自新文化运动,"科学"一词被引入中国后,"科学"便被中国社会用以作为"正确"的同义词或代名词[25]。新中国成立之后,对于"科学"的崇拜更为严重。与科学神创主义出现的社会背景相似,我国在新中国成立后的一段时间内试图以"科学"作为国际竞争最为直接有效的武器。所以,在全民范围内必须建构出一种对于"科学"无条件崇拜的姿态。"科学"一词被放置在褒义语境中的顶峰,与之相对的都是"愚昧""落后"等贬义色彩浓郁的表达[26]。这种对于"科学"的盲目崇拜,虽然在一定程度上促进了科学的快速发展。但从长远来看,这种盲目崇拜也慢慢将"科学"从绝对正确的神坛上拉了下来。越来越多的商业性或宗教性的组织意识到了公众对于科学的崇拜,从而将"科学"作为一种宣传武器加以使用。如同神创科学运动一样,他们所在乎的不是所使用的"科学"的准确性,而只是使用"科学"的名号。但是,在实践中,仅仅是使用"科学"的名号作为宣传武器,其所取得的宣传效果就十分惹人注目,于是越来越多的类似于神创科学运动或是量子佛学的案例开始出现。与此同时,科学界的严谨使他们不得不站出来辩驳这些谣言或者反科学论断,最终的胜利一定是属于科学界的,但是这种论战结束后,所产生的另一个严重后果便是公众对于"科学"形象的不信任,加深对于"科学"概念的怀疑程度。科学界也因为这种反科学或是伪科学案例层出不穷而更为严苛地建构自身与公众之间的界限。于是,公众与科学之间的距离也就越来越大,就好像神创科学运动后,宗教与科学之间几乎再无联系一样。

除了对于"科学"形象的盲目崇拜外,我们还可以从上述的运用科学外衣进行宣传的案例中发现另外一个公众盲目信任的相似原因。公众选择相信科学神创主义或者"量子佛学"这种非科学或伪科学言论,还在于公众无法有效区分科学与非科学或伪科学,特别是披上科学伪装的伪科学。科学与伪科学之间的根本性差别其实并不在科学结果的陈述上,而在于其秉持的思想与运用的方法[27]。就如同进化论者攻击科学神创主义是伪科学时所宣称的那样,科学神创主义之所以是伪科学,根本上在于其观点的不可证实与不可证伪性;方法上的非实践性与不可重复性等。然而,这些形而上学与方法论层面上的观点很难为公众准确地掌握,这也是由于传统科普的工作缺陷导致的。美国在《向科学素养迈进》报告提出之前,对于公众的科学教育一直停留在科学知识的宣讲上。实用的科学知识与技术是20世纪初至20世纪中叶美国科普的重点所在[28]。这种情况在20世纪后半叶的中国同样存在。长期缺失科学思想与科学方法的普及,使得公众在面对类似于科学神创主义以及"量子佛学"这种具有迷惑性的伪科学宣传视频,便丧失了基本的判断能力。

对此,为了应对这些运用科学伪装来进行伪科学或者反科学的宣传,我们应当:第一,提高公众对于科学与伪科学的辨识能力,尤其是对于科学方法以及科学原理层面的训练,单纯依赖于独立的科学知识已经不足以帮助公众辨别看起来越来越相近的科学与伪科学了。只有从根本的科学原理与科学方法入手才能提高公众的辨别能力;第二,培养公众对于科学的反思与批判能力。上述的利用科学伪装进行宣传的案例无一不是利用了公众对于科学的绝对信任乃至于"迷信",只有破除这种"迷信",建立起公众对于科学的反思与批判精神,才能从根源上杜绝这种借由科学伪装进行宣传的伪科学或反科学的盛行。而这些需要科普工作者、科学家群体、媒体工作者、公众、政府等多方共同协作方可实现。

5 结　语

科学神创作为一种利用科学外衣来宣传宗教信仰的运动,发生在20世纪中叶的美国,是有其时代背景与社会背景的,如有限的公民科学素养,传统科学工作上的缺失以及科学发展过程中与公众互动的实效等。根据第八次与第九次全国公民科学素养调查报告显示,我国当下的公民科学素养大致与20世纪下半叶的美国相当[29-30]。所以,发生在那一时间段的科学神创主义就不能不引起我们的注意。

从20世纪科学神创主义在美国的盛行与当今中国的"量子佛学"案例中我们都可以发现,伪科学观点在基于自身宗教性或商业性目的的基础上对于科学外衣的运用。因为公众对于科学内涵的不熟知或对于"科学"概念的盲目信奉,利用科学外衣的宣传才得以广泛传播,这反应出我们对于"科学"概念认知的缺陷以及"科学"形象建构的单一性,只有在这两个方面痛下苦功,加以改造,我们才能够有效避免各种打着科学旗号的反科学、伪科学言论的再度流行。

参 考 文 献

[1] Okasha S. Philosophy of science: very short introduction[M]. Oxford: Oxford University Press, 2016: 134-138.

[2] Alston Jon P. The scientific case against scientific creationism[J]. Universe, 2003, 12(5): 32-34.

[3] Clark C A. Evolution for John Doe: pictures, the public, and the scopes trial debate[J]. The Journal of American History, 2000, 87(4): 1275-1303.

[4] Lienesch M. In the beginning: fundamentalism, the scopes trial, and the making of the antievolution movement[M]. Chapel Hill: Univ of North Carolina Press, 2007: 350-355.

[5] Whitcomb J C, Morris H M. The genesis flood[J]. DOCUMENT RESUME, 1961, 13(60): 60.

[6] Humphreys D R. Reversals of the earth's magnetic field during the genesis flood proceedings of the first international conference on creationism[J]. Pittsburgh, PA: Creation Science Fellowship, 1986, 2: 113-126.

[7] Scott E C. Creation science lite. "Intelligent Design" as the new anti-evolutionism[J]. Scientists Confront Intelligent Design and Creationism, 2007, 9(12): 59-109.

[8] Chris P. Scientific creationism: a case study[J]. Education and Urban Society, 1981, 13(2): 219-233.

[9] Morris H M. Scientific creationism[M]. Rogers: New Leaf Publishing Group, 1974.

[10] Morris H M, Gary P. What is creation science?[M]. Rogers: New Leaf Publishing Group, 1987: 21-26.

[11] Jungwirth E. The pupil—the teacher and the teacher's image (some second thoughts on BSCS—biology in Israel)[J]. Journal of Biological Education, 1971, 5(4): 165-171.

[12] La Follette M. Creationism, science, and the law[J]. Science, Technology & Human Values, 1982, 7(3): 9-10.

[13] LEWIN R. Where is the science in creation science?[J]. Science, 1982, 215(4529): 142-144.

[14] Fletcher N S. Recent development: edwards v. aguillard: constitutional law: the evolution of secular purpose in establishment clause jurisprudence[J]. Tul. l. rev, 1987, 12(6): 110-134.

[15] Numbers R L. The creationists: from scientific creationism to intelligent design [M]. Cambridge:Harvard University Press, 2006:35-44.

[16] Arthur Joyce. Creationism: bad science or immoral pseudoscience[J]. Skeptic, 1996,4(4): 88-93.

[17] Pennock R T. Intelligent design creationism and its critics: philosophical, theological, and scientific perspectives[M]. Massachusetts:MIT Press, 2001:57-70.

[18] Ruse M. Darwinism defended[J]. Advanced Book Program/World Science Division, 1982,12(2):21-24.

[19] Cavanaugh M A. Scientific creationism and rationality[J]. Nature, 1985, 315(6016): 185-189.

[20] Humphreys D R. Nuclear decay: evidence for a young world[J]. Institute for Creation Research, 2002,6(2):123-127.

[21] Kimberly J R, Miles R H. The organizational life cycle: Issues in the creation, transformation, and decline of organizations[M]. San Francisco: Jossey-Bass Inc Pub, 1980.

[22] 赵娜,李永鑫,张建新. 谣言传播的影响因素及动机机制研究述评[J]. 心理科学, 2013, 36(4):965-970.

[23] 郑智斌,熊文珍. 青年互联网事件认知及其社会观念的实证研究[J]. 中国青年研究, 2009(2):69-73.

[24] 赵军锋,金太军. 论公共危机中谣言的生存逻辑:一个关于谣言的分析框架[J]. 江苏社会科学, 2013(1):130-135.

[25] 刘华杰. 科学传播读本[M]. 上海:上海交通大学出版社, 2007:22-43.

[26] 刘新芳. 当代中国科普史研究[D]. 合肥:中国科学技术大学, 2010.

[27] Lakatos I. Science and pseudoscience[J]. Philosophical Papers,1978(1): 1-7.

[28] DeBoer G E. Scientific literacy: another look at its historical and contemporary meanings and its relationship to science education reform[J]. Journal of research in science teaching,2000,37(6): 582-601.

[29] 高宏斌. 第八次中国公民科学素养调查结果发布[J]. 中国科学基金, 2011(1): 63-64.

[30] 王康友. 专题·2015年中国公民科学素质调查[J]. 科普研究, 2016, 11(3):1-15.

Utilization of "Science Cloak"
— Introspection of American Creation Science Movement

YANG Zheng[1], WEI Xingyue[1]

1) School of Communication, Soochow University, Suzhou 215000

Abstract The Creation Science Movement was a religious movement in the United States that used science to prove creationism in the 1960s and 1980s. By combing the whole story of this religious movement, the article attempts to show how a religious movement can make use of the "science" image as a weapon of outerwear and controversy and ultimately be accepted by the public. Finally, based on the analysis of difference between science and pseudoscience, the utilization of science image by pseudoscience and the relationship between science and the public in the Creation Science Movement, related with the scientific rumors existing in China now, this article tries to think over how to effectively avoid the false scientific conclusion to be popular again.

Key words scientific creationism; darwinism; science cloak; public attitude

作者简介

杨正,男,安徽滁州人,博士,苏州大学传媒学院讲师,研究方向为科学传播,科学哲学,健康传播,数字媒体与社会。

卫星悦,女,安徽肥西人,苏州大学传媒学院硕士研究生,研究方向为科学传播、谣言治理。

中学科学教师对科学精神的理解及其机制：

以青少年高校科学营中的科学教师为例

蒋姊宣[1)] 董 操[2)] 王 聪[1)]

1) 中国科学院大学人文学院，北京 100049
2) 中国科学技术协会青少年科技中心，北京 100863

摘 要 以参加2020年青少年高校科学营的592名中学科学教师为研究对象，采用问卷调查的方法，研究考察了科学教师对于科学精神的理解，以及科学传播活动对科学精神理解的作用。结果显示，中学科学教师更认同包括求实精神和探索精神在内的认识层次的科学精神，以及包括怀疑精神、创新精神在内的功能层次的科学精神。而对于与科研人员行为相关的人文层次的科学精神，如团队精神、平权精神、宽容精神，科学教师的认同程度较低。此外，科学传播活动能够影响科学教师对科学精神的理解，通过参加专家讲座、报告、参观，以及动手实践等活动以降低科学精神的抽象性是教师对科学精神理解的影响机制。最后，讨论了科研人员作为科学精神的载体，在传播过程中的不可替代性，并提出了加深或改变科学教师理解科学精神的可能的方向与路径。

关键词 科学精神；中学科学教师；青少年高校科学营；机制

1 引 言

教师科学素质提升工程是青少年科学素质提升行动的一部分[1]。在《全民科学素质行动规划纲要（2021—2035年）》中就明确提出要"将弘扬科学精神贯穿于育人全链条"、"将科学精神纳入教师培养过程"[2]。中学科学教师作为青少年与科学之间的重要中介[3],在青少年科学精神的形成上有重要的引导作用。中学生正处于人生观和价值观形成的重要阶段,能否将求真、宽容、求实、创新的科学精神融入他们的基本价值体系就成为了一个重要的问题。考虑到科学精神在一般表达上往往较为抽象[4-5],教师,尤其是科学教师的转化作用以及各类实践活动所起到的承载作用就显得更加重要了。

强化中学科学教师对科学精神的深入理解是加强青少年对科学精神理解的前提。因此,如何加强中学科学教师对科学精神的理解是一个重要的研究课题。在20世纪20年代,菊龙[6]曾经批判当时的教育缺乏科学精神:"教员对于学生只负转运知识的责任,科学家做学问的精神丝毫不曾得着。"皮尔逊[7]在《科学的规范》中提出近代科学能对公民提供有效地精神训练,从而间接影响他们的行为。

根据Burner[8]和Piaget[9]的建构主义学习理论,个体需要通过学习过程中的物理刺激或精神刺激来建构或强化他们的知识体系。作为学校之外的非正式学习场地,科学营可以提供一个沉浸式的学习环境[10]。在线上科学营中,来自不同地区的学员在众多媒体平台的支持下开展高度交互性的学习,即"同步学习"。它能让参与者意识到自己是一个群体的成员[11],而不是孤独学习的个体。目前科学营或者线上科学营开展目的主要为培训职业技能和强化科学素养[12-13],如加州科学中心的Virtual Hands-on Camp 和 Camp-in-a-backpack 原本的目的就是培养科学探究的技能[14],因此注重实用和动手实践。也有一些关注到对教师这一群体的研究,例如我国台湾地区曾经利用博物馆资源来加强职前教师对科学教学的学习[15],美国开展了针对在职小学教师对科学本质的理解和教学的专项培训[16]。但已有研究大多关注教师对于科学的认知或教学方式的探讨,较少着眼于教师科学精神方面的内容。本研究以参与青少年高校科学营的各地科学教师为研究对象,考察他们对科学精神的理解情况,希望提升相关研究领域对教师群体的科学精神的关注度,也为探索加深科学教师对科学精神认识的方式提供一定的借鉴。

青少年高校科学营是由中国科协、教育部共同主办,国务院港澳办、中国科学院、中国国家铁路集团等单位支持,针对高中生的科技教育活动,为高中学生提供一个近距离接触科学的机会,旨在提高学生对科学的兴趣。该活动每年提供60余个营地,由50余所著名高校、中国科学院系统内若干研究所,以及分布在粮食、船舶、航天、兵器、飞机等领域的高技术企业承办。为了管理方便,该活动需要各地区按照1/10的比例匹配带队教师,并要求带队教师尽量选派一线高中教师。因此,各省、市、自治区在开营期间派出了大量高中科学教师,带队教师在活动期间也能够和参营学生一起接触工作在科研一线的科技人员,了解科研人员的工作过程和背后的故事,并有亲自动手实践的机会。2020年的青少年高校科学营活动采取了线上形式,以"虚拟大学城"的形式集中呈现,来自全国各省、市、自治区、港澳台地区的带队教师通过网络"云"参与各分营活动。本研究将基于参与青少年科学营活动的中学科学教师,考察作为校外科普活动的青少年科学营是否能够影响科学教师对科学精神的理解,并探索其作用机制。

2 研究框架与研究对象

2.1 科学精神的界定与研究框架

默顿[17]在《科学规范的结构》中提出科学精神包含普遍性、无私利性、无偏见性、有条件的怀疑四大要素。皮尔逊[7]在《科学的规范》中提及的科学精神,或被译为科学心境,囊括了客观性、实证性、至简性等基本特质。除了从科学活动的特征以及社会规范视角来探讨科学精神之外,也有一些学派从价值观视角探讨科学精神的内涵。如 Wolfle[3]认为科学精神可以基于以下七种基本价值来定义,即渴望知道并理解、对一切事物提出质疑、搜寻数据和它们的含义、寻求验证、尊重逻辑、考虑前提和考虑后果。西方科学史家、科学哲学家们研究科学精神,离不开科学本身,他们"把科学精神植入科学知识文化之中"[18],因此科学精神会随着科学的发展而深入和拓展。但西方学者几乎不强调将科学作为职业的人员所反映出的人格特质。

自1916年任鸿隽在《科学精神论》中提到了"科学精神"一词以来,科学精神的意义与内涵得到了广泛关注和研究。任鸿隽[19]在《科学精神论》中指出,"科学精神者何?求真理是已"。刘华杰[20]提到:"具体来说科学精神包括求实精神、创新精神、怀疑精神、宽容精神等几个方面"。蔡德诚[21]曾归纳能体现和实践科学精神的六个要素和内涵,分别是客观的依据、理性的怀疑、多元的思考、平权的争论、实践的检验和宽容的激励。随着科学精神与人文精神的交叉融合,进入新时代后,逐渐"在科学精神的基础上强调科学家精神"[22]。科学精神也需要通过科学家这一载体来凸显。

综合国内外研究,参考蒋道平[23]对科学精神内涵的总结,本研究主要从认识层次、功能层次和人文层次来对科学精神进行界定(图1)。科学活动本质上是对自然的持续认知,是一个为追求真理迂回前进、永无止境的过程,在本研究中主要体现为求实精神、探索精神。就功能层次而言,"科学的目的在于发现问题和解决问题",而"大胆质疑,小心求证"也正是创新的过程[18],所以第二个层次在本研究中主要体现为创新精神、怀疑精神。在新时代背景下,科研人员秉承群体性行为规范,在从事科学研究的同时早已牢牢与"科学"一词绑定在一起。他们使得科学精神有了更丰富的人格化内涵,这在本研究中主要体现为团队精神、平权精神和宽容精神。

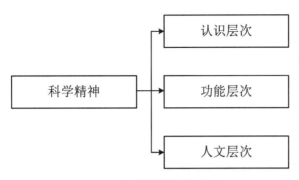

图 1 对科学精神的界定

本研究采用问卷调查的方法,以李克特五点式量表为主要结构,对参与该活动的 592 位带队科学教师进行了调研,主要考察科学教师参与高校科学营活动前后对科学精神理解的变化,及科学教师对科学精神内涵的理解。问卷中测量教师对科学精神理解是否产生作用以及影响机制的问题见表1。

表 1 问卷中测量教师对科学精神理解是否产生作用以及影响机制的问题

考察因素	对应问题
前后差异	TQ41:在参加本次科学营活动之前,您觉得什么是科学精神? TQ42:这次科学营是否使您加深或改变了对科学精神的认识? TQ43:如果是,主要体现在哪些方面?可否举例说明?
对科学精神的理解	TQ44:您认为科学精神包括哪些方面?

2.2 研究方法与研究对象

在问卷的发放方面,因各类条件具备,本研究采用了遍历性调查的方式,依托问卷星网络平台,向所有参与 2020 年青少年高校科学营的带队教师发出问卷,问卷发出与回收大约耗时 1 个月,与青少年科学营开营时间同步。共收回教师问卷 830 份,回收率 75.45%。其中科学教师共 592 人,占比 71.32%,本研究主要基于这部分中学科学教师对问卷的回答。

这些科学教师分布于全国包括港澳台地区在内的所有省级行政区域。来自港澳台的科学教师占比 4.39%,其中男性稍多(69.59%),主要民族是汉族(89.02%),也涵盖了包括国内五大主要少数民族在内的 20 个民族。有 24.58% 的科学教师曾经作为带队教师参加过两次及以上科技主题的夏令营和冬令营,也有 56.27% 是第一次参与此类活动。就组织开展科技教育活动方面的经验而言,63.13% 的科学教师有相关经验,其中 21.93% 有 6 年以上的相关经验。总体来说,研究数据具有较好的代表性。

3 科学教师对科学精神的理解

研究发现,科学教师们对于科学精神的理解呈现出了重认识层次和功能层次的科学精神,轻人文层次的科学精神的状态。如图 2 所示,科学教师对于求实精神、探索精神、创新精神的认可度很高,均超过了 95%,对于怀疑精神的认可度稍弱,达到 82.77%。其中,对探索精神的认可度最高,达到 98.14%。但在与科研人员行为相关的科学精神方面,整体认可度较低。其中,最受认可的团队精神只有 84.46%,宽容精神的认可度略超半数,而平权精神的认可度最低,只有 42.57%。

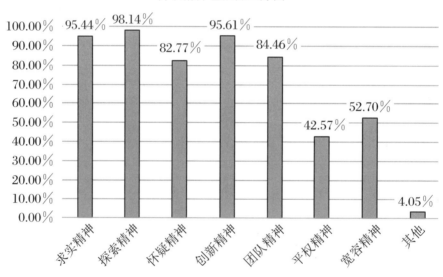

图 2 TQ44 回答直方图

在收集到的 592 位科学教师对于 TQ41(在参加本次科学营活动之前,您觉得什么是科学精神?)的回答中,有效回答共有 591 条,采用 Nvivo11 对其进行词频分析,得到词云图,见图 3。其中"实事求是""求真务实"的占比分别为 13.03% 和 5.41%。根据词频,可以发现科学教师在参加科学营前对科学精神的理解主要以实事求是、求真务实、坚持不懈、锲而不舍、真理性、好奇心等词语为主。这一回答从另一个角度证实了科学教师更关注与科学研究基本目标、原则和规范相关的科学精神,如实事求是、求真务实、真理等,较少关注与科研人员相关的群体性行为规范的科学精神。

图 3　TQ41 文本回答词频图

4　青少年高校科学营活动对改变或加深中学科学教师对科学精神认知的影响

通过对问题 TQ42 的分析,66% 的科学教师认为通过参与本次青少年高校科学营活动,他们加深或改变了对科学精神的认识,具体见图 4。这说明参与青少年高校科学营活动可以影响科学教师对科学精神的了解。

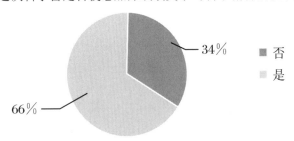

图 4　TQ42 回答情况图

按照国家统计局对于东西中部和东北地区的划分方法[24],本研究将参营的科学教师按东部地区、中部地区、西部地区、东北地区和港澳台地区进行划分。将科学教师所在地区与 TQ42 进行交叉分析,得到表 2。卡方分析表明,不同地区的科学教师对于科学精神认知的改变存在显著性差异。具体来说,在五个地区中,港澳台地区的带队科学教师在参加科学营活动后对科学精神的认识产生改变的比例最小,仅占港澳台地区带队科学教师的46.15%。在其他地区,此比例从小至大依次是西部地区(64.09%)、东部地区(64.57%)、中部地区(70.29%)和东北地区(84.85%)。将地区与教师对科学精神的具体内涵的理解进行交叉分析,发现不同地区的科学教师仅在对团队精神的理解上存在显著差异。如表3所示,东部地区的带队科学教师对团队精神的认可程度最高,达到89.14%,只有港澳台地区的带队教师对团队精神的认可程度低于半数(42.31%)。

表2 不同地区与对TQ42回答的交叉分析

题目	回答	您来自的地区(%)					总计	χ^2	p
		东部地区	中部地区	东北地区	西部地区	港澳台地区			
这次科学营是否使您加深或改变了对科学精神的认识?	否	62 (35.43)	41 (29.71)	5 (15.15)	79 (35.91)	14 (53.85)	201 (33.95)	11.443	0.022
	是	113 (64.57)	97 (70.29)	28 (84.85)	141 (64.09)	12 (46.15)	391 (66.05)		
总计		175	138	33	220	26	592		

表3 不同地区与对TQ44回答的交叉分析

题目	回答	您来自的地区(%)					总计	χ^2	p
		东部地区	中部地区	东北地区	西部地区	港澳台地区			
您认为科学精神中是否包含团队精神?	否	19 (10.86)	19 (13.77)	8 (24.24)	31 (14.09)	15 (57.69)	92 (15.54)	40.707	0.000
	是	156 (89.14)	119 (86.23)	25 (75.76)	141 (85.91)	12 (42.31)	500 (84.46)		
总计		175	138	33	220	26	592		

青少年高校科学营活动对内地科学教师的科学精神认知产生的影响要大于港澳台地区。不同地区的老师对科学精神的多重内涵理解也存在部分差异。这意味着不同背景的科学教师有不同的需求,加深或改变科学教师对科学精神的认识需要多种途径,单一方式很难满足多样性的需求。

5 青少年高校科学营影响中学科学教师对科学精神认识的前后变化

在收集到的 391 位科学教师对于 TQ43(如果这次科学营使您加深或改变了对科学精神的认识,主要体现在哪些方面?可否举例说明?)的主观回答中,有效回答共 389 条。采用 Nvivo11 对其进行词频分析,得到词云图,见图 5。可以发现,实事求是、求真务实仍然有较高频次,但科学家一词频次超过了二者。人工智能、工作者、实验室、科学技术、机器人等词语开始出现或提及频次相较图 3 有明显提升。

图 5　TQ43 文本回答词频图

对这 389 位科学教师关于 TQ41 和 TQ43 的回答开展词频分析,我们发现科学教师在参营后,对于探索精神、创新精神、求实精神、怀疑精神和团队精神都有不同程度的改变或加深,但是提到平权精神和宽容精神的则比较少。

在 TQ41 的主观回答中,提及"探索""探究"等与探索精神相关的词语的回答共有 166 条,如"我觉得有毅力,有探究和刻苦专研精神,是作为科学研究必要的条件"。在这 166 条回答里,回答 TQ43 再次提及这类词语的共有 51 条,如"不但要有探索的精神,更要有实际生活中的探索,对日常生活现象的反思、探究,总结归纳!"。这反映出至少有 30.72% 的科学教师在对探索精神的认识上有不同程度的加深。

对TQ41的主观回答中,提及"创新、创造"等与创新精神相关的词语的回答共有131条,如"崇尚真理、客观唯实、开拓创新"。在这131条回答里,回答TQ43再次提及此类词语的共有29条,如"自主创新、奉献精神"。这反映出至少有22.14%的科学教师对于创新精神的认识有了不同程度的加深。

提及"求真务实""实事求是""唯实""脚踏实地"等与求实精神相关的词语的回答共有137条,如"严谨求是,不断探索,造福人类"。而在这137条回答里,回答TQ43再次提及这些词语的共有28条,如"有自己在平时生活中所看到有疑惑的现象要有求真求实的精神"。这反映出至少有20.44%的科学教师在对求实精神的认识上是有加深的。

提及"怀疑""质疑"这些与怀疑意思相近的词语的回答共计38条,如"大胆怀疑,科学论证"。而在这38条回答中,再次提及这类词的回答共有4条,如"通过科学家的讲解使我认识到科学精神包括探索、求真、敢于质疑、勇于探索"。

提及"团队""合作""协作"等与团队精神相关的词语的回答共有20条,如"牺牲、奉献、合作、交流、服务"。而在相应的TQ43的回答中,再次提及这类词语的共有6条,如"团队的精神,在短短的时间内如此大的工作量,如果一个团队没有强大的向心力是不可能做大的"。

在TQ41和TQ43中提及平权精神和宽容精神的回答非常少,可能这两类精神在本次活动中的体现较少,或者比较难以通过此类活动的形式得以让科学教师体会。

由此可见,虽然青少年高校科学营活动能够加深或改变科学教师对科学精神的认识,但效果主要集中在认识层次和功能层次的探索精神、创新精神、求实精神等方面,对与科研人员行为相关的人文层次的精神则作用有限。

6 青少年高校科学营影响中学科学教师对科学精神理解的机制讨论

对TQ43的389份有效回答展开进一步的文本分析,研究发现这些科学教师认为自己的科学精神得以加深或改变的机制主要体现为以下两种形式。

第一,专家讲座和参观环节为教师提供了与科研人员面对面交流的机会,从而有利于降低科学精神的抽象性。专家的讲座和报告有利于加深或改变科学教师对与科学过程相关的科学精神的理解。如"通过这次科学营的参与,专家做的报告中就深深流露出来这么一种精神""在听了多位专家的讲座之后,对人工智能方面更加感兴趣,有强烈的探索未知的欲望""是,团队精神。开学第一课中,张伯礼院士多次强调团队,并且说到他的荣誉是团队的,是所有医护工作者的"。各分营根据自身学科专业特色规划了不少线上参观实验室、标本馆、博物馆的环节,以直播或者录播的形式展现给参营人员。如"通过科学营专家报告和参观交流,科学精神不仅要严谨还要求实,不仅要发扬还要传承","专家的一些讲座,实验室参观和与优秀高校学生的交流中能更多地加深对科学精神的感悟","生活中处处有科学,比如带学生参观高校农业园区时发现不同颜色的粘虫板对不同的虫作用不一样"。专家与负责参观的科研人员以第一人称的视角分享、讲解,能给听众带来更鲜活、生动、具体的有关科学精神的内容,有利于提高科学精神本身的通俗性,从而影响教师对科学精神的理解。

第二,动手实践活动通过对科学过程的模仿以及科研人员身份的扮演,有利于基于建构语境的方式加深或改变教师对科学精神的体会。虽然2020年高校科学营的活动主要基于线上平台,但为了增大参营人员的可接触性和趣味性,不少高校和科研机构提早向参营学生与教师邮寄了科学包(资源包)。在开始动手制作前,高校老师会在线上讲解原理,带队教师和学生共同尝试和探索。普通高中物理课程标准也强调了实验对学生科学精神的培养作用[25]。在动手实践的过程中,科学教师也能够更深入地体会到科学精神的内涵,如有的教师提到"飞行器制作需要反复调试,这种持久的探索精神需要发扬",如"动手组装收音机、大疆无人机科研实践报告,以上两个实践活动加深了(对科学精神的)认识","学生对电子元器件的组装,让我感受到理论必须联系实际,特别是二极管和三极管极性不动手基本记不住"。

对这两种改变或提高科学教师对科学精神的认识机制进行分析,并结合图5(TQ43文本回答词频云图)中"科学家"和"工作者"的高词频可以发现,科研人员在科学精神传播过程中能够起到重要的作用。他们是必不可少的传播载体。无论是专家的讲座和报告、动手实践活动,还是参观环节,科研人员都承担着主讲、指导、引导的工作。相较于科学知识、科学方法、科学思想而言,科学精神更加抽象,因而更加难以传播。而科学教师的回答反映出以科学为业的科研人员是抽象的科学精神较好的载体。科研人员在分享经历、指导交流过程中有意或无意间展现出来的各种科学精神,能够有效地改变或加深科学教师对科学精神的认识。有的科学教师专门提到了科研人员,如"通过参与科研人员亲身带领中学生参观科技前沿实验室,聆听大师讲课,对科技工作者的信念、工作态度、理性思维感悟颇多,受益匪浅""一代代的科学家在为人类的发展不断探索,用于探索的精神不断传承""通过科学家的讲解使我认识到科学精神包括探索、求真、敢于质疑、勇于探索""主要体现在我看到的科学家都有深厚的爱国热忱,不计名利,乐于奉献"。

之所以科研人员能够成为传播科学精神的载体,应该有两个方面的原因。一方面可能是因为科研人员以科学为业,对科学精神有直观且深刻的了解,因此能够更好地将科学精神传达给科学教师;另一方面可能是科研人员的身份本身带来的传播效果。现代社会中的信任主要包括人际信任与系统信任,而系统信任主要指陌生人之间的信任关系,其中就包括对货币系统、专家系统、法律系统等的信任[26]。科研人员专业性的身份能够使受众产生一种类似专家系统的系统信任。一旦科研人员成为可信赖的信源,就容易产生信源的可信性效果。也就是说,科研人员所传播的内容,如科学精神,更容易得到科学教师的认可。从这个角度来说,在科学传播工作中,特别是与科学精神有关的传播过程中,科研人员的地位具有一定的特殊性,很难被替代。

7 结论与讨论

本研究以参加青少年高校科学营的中学科学教师为例,考察了他们对于科学精神理解的现状,以及科学营活动对于其理解科学精神的作用,并在此基础上探讨了影响科学教师对科学精神理解的机制,为提高科学教师对科学精神的理解提供了可能的探索方向。

通过研究发现,被调查的中学科学教师对认识层次和功能层次的科学精神更为了解,对人文层次的科学精神了解比较有限。而相比创新精神,科学教师对同为功能层次的怀疑精神的认同程度较低。科学教师对科学精神的理解之所以呈现出这种状态,可能有两个原因:其一,科学课本或一般社会媒体时常将科学看作是一套知识系统。由于对与科学研究基本目标、原则和规范相关的科学精神展现得更多,较少关注与科研人员相关的群体性行为规范,科学教师对团队精神、平权精神、宽容精神的认同度较低;其二,科学课本或一般社会媒体倾向于把科学看作是正确知识的线性积累,较少关注在科学研究过程中去寻找已有研究不足与问题的环节,因此相较于求实精神、探索精神、创新精神,科学教师对怀疑精神的认同相对较低。现代科学正在进入"大科学"时代,大量的科学研究需要基于较大规模的研究团队,甚至高能物理领域中基于大科学装置的某些研究已经以团队的名义署名,署名顺序以姓氏首字母为序排列,因此包括团队精神在内的,与科研人员群体性行为规范相关的科学精神已经变得越来越重要。

研究发现青少年高校科学营对科学教师理解科学精神是可以产生影响的,有66%的科学教师认为此次青少年高校科学营活动能够加深或改变他们对于科学精神的认识。值得注意的是,这种加深或改变作用存在地区上的差异。进一步对科学教师参营前后的具体回答进行词频和文本分析发现,科学教师对于探索精神、创新精神、求实精神、团队精神、怀疑精神的认识有不同程度的加深。其中,该活动更明显提高对于认识层次和功能层次的科学精神。专家讲座和报告、动手实践、参观是改变或加深科学教师对科学精神理解的重要的三种机制。在这三种机制的运作过程中,科研人员能够起到重要的作用,他们是必不可少的传播载体,因为科研人员作为可信赖的信源,容易产生信源的可信性效果。也就是说,科研人员所传播的内容,如科学精神,更容易得到科学教师的认可,从而产生了更好的传播效果。

为了使青少年更全面地认识和理解科学精神,有必要从理论和实践上重视针对科学教师的科学精神传播。在理论上,有必要针对科学教师的特点,开展相应的理论研究。在实践上,可以从以下几个方面出发,加深或改变科学教师对科学精神的理解。在具体方式上,应该为科学教师与科研人员提供更多的交流机会,使科学精神能够通过科研人员这一载体更好地传播给科学教师。在内容上,除继续关注与科学研究过程相关的认知层次之外,应进一步提升与科研人员相关的人文精神的关注度,使科学教师对科学精神有更全面的理解。而对于科学之目的和功用,这些功能层次,也应进一步加强对怀疑精神的传播。在受众方面,应考虑到不同地区的不同情况,针对受众的不同需求制定有针对性的活动计划。

本研究的不足之处体现在仅针对参与 2020 年青少年高校科学营活动的带队教师,这使得研究考察具有短时间和小范围的局限性。对于科学精神的内涵也有考虑不全面的问题,随着时代的发展其内涵日渐丰富,这也需要研究者们持续关注和研究。

参 考 文 献

[1] Lertporn U, Duangkamol T, Suwimon W. Causal model of research competency via scientific literacy of teacher and student[J]. Procedia-Social and Behavioral Sciences, 2014, 116: 1581-1586.

[2] 国务院. 全民科学素质行动规划纲要(2021—2035 年)[EB/OL]. (2021-06-03)[2021-07-20]. http://www.gov.cn/zhengce/content/2021-06-25/content_5620813.htm.

[3] Wolfle D. The spirit of science[J]. science, 1966, 152: 3730.

[4] 李醒民. 科学精神的特点和功能[J]. 社会科学论坛, 2006, 2: 5-16.

[5] 寇军. 科学精神传播的方式与途径[J]. 徐州建筑职业技术学院学报, 2001(3): 52-56.

[6] 菊农.人格与教育[M]//张君劢.科学与人生观(二).沈阳:辽宁教育出版社,1998:229.

[7] 皮尔逊.科学的规范[M].李醒民,译.北京:华夏出版社,1999.

[8] Bruner J. Toward a theory of instruction[M]. Cambridge:Harvard University Press,1966.

[9] Piaget J. Psychology and epistemology:towards a theory of knowledge[M]. London:Penguin University Books,1972.

[10] NG W,Nicholas H. Conceptualising the use of online technologies for gifted secondary students[J]. Roeper Review,2007,29(3):190-196.

[11] Haythornthwaite C,Kazmer M. Bringing the internet home:adult distance learners and their Internet,home and work worlds[M]// Wellman B,Haythornthwaite C. The internet in everyday life. Malden:Blackwell Publishing,2002:431-463.

[12] Holden L,Morrison A,Berger W,et al. E-learning in a virtual science camp for urban youth[J]. Information Services and Use,2013,33:299-308.

[13] Roberson T. "STEM"-ulating young minds:creating science-based programming @ your library[J]. Journal of Library Administration,2015,55:192-201.

[14] Newswire P R. Hands-on science camp makes summer fun at the california science center:explorations and creative challenges enhance the camp experience[EB/OL].(2017-03-10)[2021-10-05]. https://www. proquest. com/wire-feeds/hands-on-science-camp-makes-summer-fun-at/docview/1875718742/se-2? accountid = 178611.

[15] CHI C. Museum experience:a resource for science teacher education[J]. International Journal of Science and Mathematics Education,2004,2:63-90.

[16] Posnanski J T. Developing understanding of the nature of science within a professional development program for inservice elementary teachers:project nature of elementary science teaching[J]. Journal of science teacher education,2010,21:589-621.

[17] 默顿.科学社会学[M].鲁旭东,林聚任,译.北京:商务印书馆,2003.

[18] 蒋道平.论科学精神及其对当代中国社会进步之影响[D].合肥:中国科学技术大学,2016:5-8.

[19] 任鸿隽.科学精神论[J].科学,2015,67(6):13-15.

[20] 刘华杰.科学真理与科学规范[J].科学与无神论,2000(3)13-14.

[21] 王大珩,于光远.论科学精神[M].北京:中央编译出版社,2001:118-120.

[22] 潜伟.科学文化、科学精神与科学家精神[J].科学学研究,2019,37(1):1-2.

[23] 蒋道平.关于科学精神内涵的多维解析:基于文化差异和历史线索视角[J].科普研究,2017,12(3):8-18,104.

[24] 国家统计局.东西中部和东北地区划分办法[EB/OL].(2011-06-13)[2021-02-20]. http://www.stats.gov.cn/ztjc/zthd/sjtjr/dejtjkfr/tjkp/201106/t20110613_71947.htm.

[25] 中华人民共和国教育部.普通高中物理课程标准(2017年版2020年修订)[M].北京:人民教育出版社,2020.

[26] 弗朗西斯·福山.信任:社会美德与创造经济繁荣[M].郭华,译.桂林:广西师范大学出版社,2016.

Middle School Science Teachers' Understanding of the Spirits of Science and its Mechanism: A Case Study of Science Teachers from the Youth College Science Camp

JIANG Zixuan[1], DONG Cao[2], WANG Cong[1]

1) School of Humanities, University of Chinese Academy of Sciences, Beijing 100049;
2) Children & Youth Science Center of China Association for Science & Technology, Beijing 100863

Abstract Taking 592 middle school science teachers from Youth College Science Camp in 2020 as the research objects, questionnaire survey method is used to examine science teachers' understanding of the spirits of science, and what effect does science communication play on the understanding of the spirit of science. The result shows that spirits of cognitive level which including the spirits of seeking truth and exploration, as well as spirits of functional level, including skepticism and innovation, are more likely to be recognized by science teachers. As for spirits related to the behavior of scientific researchers, which is humanist level, such as team spirit, equal rights spirit, and tolerance spirit, science teachers have a low degree of recognition. Besides, science teachers' understanding of the spirits of science can be influenced by the mechanism of reducing the level of abstraction in the forms of taking participating in lectures and reports from experts, hands-on involvements and on-line tour. Finally, this research discusses the irreplaceability of scientific researches as the carrier of scientific spirits in the process of communicating the spirits of science, and proposes possible directions and paths to deepen or change the understanding of science teachers.

Key words　spirit of science; middle school science teachers; youth college science camp; mechanism

作者简介

蒋姊宣,湖南宁乡人,中国科学院大学人文学院在读硕士研究生,研究方向为科学传播。

王聪,吉林长春人,中国科学院大学人文学院副教授,博士,研究方向为科学传播、科学技术与社会。

董操,陕西西安人,中国科学技术协会青少年科技中心,管理岗,硕士,研究方向为科技教育。

媒体融合时代科学传播的困境及发展路径研究

白 宇[1] 李 薇[1]

1) 南昌大学 新闻与传播学院,南昌　330036

摘　要　科学传播概念的提出与公众理解科学有着密切关系。在媒体融合时代,科学传播具有双重效应,既可以通过融媒体手段提高公众对科学议题的关注度,又能帮助公众直接参与到并感知关于科学传播更广泛的议题。但媒体融合时代科学传播面临着三种困境,即传播者缺乏融合思维与科学专业知识,科学传播内容建设较为落后,科学传播模态中技术应用不足。基于此,本文不仅剖析清楚了我国科学传播的主要问题,并在此基础上提出有效的应对策略。科学传播的未来发展路径:科学传播者需要具备融合思维,提升科学专业知识素养与叙事技巧。遵循媒体融合传播规律,孵化高质量的内容精品,直击受众。丰富传播技术的应用,打造共生"嵌套系统",顺应新技术发展潮流,强化科学传播路径。

关键词　媒体融合;科学传播;发展困境;发展路径

1　引　言

随着媒体融合朝着纵深阶段发展,各类传播活动利用一体化融合传播已成为潮流,科学传播也在媒体融合时代进行着积极探索。根据中国科协2020年事业发展统计显示,目前我国主办的科普传播类网站有1586个,全年浏览量233.9亿人次;科普APP有257个,下载安装1671.4万次;科普微信公众号2521个,关注数5856.6万;科普微博2574个,粉丝数4878.3万[1]。当代社会,无论是新冠病毒,还是大数据、算法和食品基因转化,都成为科学传播无法回避的议题。因此,探究科学传播在一体化融合传播下的发展路径极为重要且具有现实意义。目前,科学传播面临着三种困境,即传播者缺乏融合思维与科学专业知识素养、科学传播内容建设较为落后、传播模态中技术应用不足,正视并努力解决这些困境不仅能更好地帮助公众理解科学,还能提高科学传播效率,扩大科学传播效果,塑造科学传播的影响力,推动科学传播在我们日常社会生活中发挥重要角色。

科学传播概念的提出与公众理解科学有着密切关系。科学传播是指科技知识信息通过扩散而在不同个体间实现知识共享的过程,包括专业交流、科技教育、科学普及、技术扩散等四个基本方面[2]。而在1985年,《公众理解科学》报告就强调科学家要懂得与媒体合作,借助媒体进行全面深入地科技报道,帮助公众理解科学。概言之,科学传播是以"传播"机制来实现"科学"内容的传播过程。

麦库姆斯[3]认为,新闻媒介在我们认知世界过程中有着重要作用。大众媒介中重复出现的显著性元素或突出的议题属性会成为受众个人认知图景的重要部分。换言之,传播媒介技术可以在传播活动中发挥重要作用。新兴的媒介融合就是一场轰轰烈烈的革命,也是科学传播无法回避的时代命题。2019年,习近平总书记在人民日报社考察时提到,传统媒体和新兴媒体不是取代关系,而是迭代关系[4]。此外,媒体融合缘于科技进步的推动,而融合产生新的传输平台,发挥各类媒体的传播优势[5]。所以,科学传播绝不可能与媒体融合割裂开来,而是需要借助融媒体在风险社会发挥重要角色,告知受众哪里会有风险,或如何认识面对风险,进而塑造自身的影响力。基于目前科学传播的发展仍有一些问题亟待回答:在我国媒体融合时代下的科学传播是否真正全面融合到融媒体之中?或者其面临怎样的发展困境?未来以何种策略或方法来应对解决,探索媒体融合时代科学传播的发展新机遇,进而帮助科学传播实现高效的传播效果,是当代科学传播的重要议题。

2 科学传播现状

国外有一项关于《科学电视》节目科学传播效果的研究:利用小学生的清晨课堂,选择他们容易理解的日常生活内容进行传播,学生对"科学电视"的科学传播活动表现出积极反应[6]。另一项关于韩国核能科学传播教育的研究发现,在核电厂信息大厅举行关于核电的相关展览,对于进行科学传播具有积极的效应,并建议通过直接和明确的科学交流让公众更好地理解核能[7]。

国内新媒体平台的出现为科学传播提供新的活力,但同国外针对性强、分众化与一体化传播的科学传播相比,仍有较大进步空间。据《全国各省(市)科学传播发展指数报告》显示,科普硬件整体资源分布不均,传统科普传媒方式逐渐萎缩,广播、电视科普节目更受欢迎[8]。高天晓[9]以国家自然科学基金委员会为例,研究发现其利用网站、"两微一端"进行科学传播存在着立体化传播、互动、可视化能力等方面的不足。再者,7月3~9日是我国核应急宣传周,这期间涌现了大量核能科普文章,帮助受众认识核能,但缺少长期且有效的关于抗击核辐射的科普文章,缺乏融媒体形式的更具说服力的核辐射"实物"展示,并且在线下选择性地挑选受众参观辐射监测馆或基地,也不能完全实现科学传播的大众化和打破"伪科学"和"反科学",而且不利于受众群体认识科学,影响科学传播大众化目标的实现。

习近平总书记在2016年"科学三会"上指出:科技创新、科学普及是实现创新发展的两翼,要把科学普及放在与科技创新同等重要的位置[10]。随着新媒体日新月异的发展,公众、科学知识和科学家或科普工作者之间的距离拉近,科学传播有了新的发展路径。《第48次中国互联网络发展状况统计报告》显示,截至2021年6月,我国网民规模达10.11亿,网络短视频(含短视频)用户规模达9.44亿,占网民整体的93.4%,网络新闻用户规模达7.60亿[11]。所以,媒体融合时代的科学传播面向公众的使命不能遗忘,公众的作用也不容忽视,如何面向公众,又同公众合作来发挥科学传播的重要性,实现科学传播大众化的使命,是其未来发展的应有之义。同时,公众可以直接参与到科学知识的构建之中[12]。概言之,科学传播具有双重效应,既可以用融媒体手段提高公众对科学议题的关注度,又能帮助公众直接参与并感知关于科学传播更广泛的议题。

3 融媒体时代科学传播的困境

随着新媒体技术的赋权,传统媒体和新媒体重塑了科学传播格局,科学传播的主体不仅有"自上而下"传播的官方组织机构,也有非盈利组织、学者、业余爱好者等。在传授、产销合一的传播生态中,也出现了许多通过新媒体进行"伪科学""假科学"的传播活动,诸如在重大公共卫生事件发生时就会出现的"三峡崩溃论",还有新冠疫情期间的"打疫苗无用论",不仅违背了最为基本的科学原理和求真的科学精神,而且给公众带来心理恐慌,不利于舆论生态的稳定。同时,伪科学的盛行与传播,也给我们提供了在当前融媒体时代重新审视科学传播的契机。总体而言,在媒体融合时代,我国的科学传播遭遇到三种困境需要回应和解决。

3.1 科学传播者缺乏融合思维与科学专业知识

从目前科学传播实践整体来看,科学传播者存在以我为主、宣传本位和科学素养不足的局限性。从本质上看,这些思维不仅陈旧落后,而且还带有盲目的自信和职业迷思[13]。科学传播者主要分为科学家、新闻记者和业余爱好者,但这三类传播者对于一体化传播科学信息、服务群众方面的重要作用认识不全面、不到位,不仅缺乏融合思维、技巧,而且科学专业知识素养不足,成为科学传播难以实现大范围跨圈层传播的桎梏。

区别于以传统媒体为中心向周围扩散的单向传播,媒体融合是借助新媒体自由、开放、协作的特点实现一体化传播,所以,科学传播者进行的是在受众本位基础上,以科学专业知识素养为支撑的传播活动。当前科学传播所面临的最本质变化是,由李普曼笔下"最后一排的聋哑学生"的大规模"受众"(读者、观众、听众)变成了具备操控和处理各种信息的更有自主权的"用户"[13]。换言之,受众并不是完全由媒介摆布的稻草人,而是能够发挥主观能动性的。但目前科学传播者并没有从受众是"被动的信息接受者"或"不懂科学传播"的思维中跳出来,加之缺乏基本的科学专业知识,实质上属于固守惯习的体现,不利于科学传播的扩散。例如,在新冠疫苗接种时期,受众会主动搜索、留言、询问和倒逼媒体进行关于新冠疫苗抗病毒原理的科学传播,其实这是传播媒介所赋权而来的,受众可以利用多元去中心化的新媒体定制自己的个人日报,也会通过判断传播者的科学素养来决定自己下一步的信息接触活动。还有在"遇事不决,量子力学"火爆网络时,涌现出大量普及"量子力学"的文章和短视频,但其中不乏一些直接搬运量子力学的论文和有关量子书籍目录的内容,要么就是罗列许多关于量子力学的公式和数据,这些传播行为并没有考虑到非专业的大部分受众,乃至文化水平较低的受众群体。

此外,话语是语言的符号性实现,而话语所存在的社会情境构成了语境[14]。语境影响受众理解科学传播的内容,进而影响实际的传播效果。科学传播与其他传播类型相比,更需要传播者具有专业的科学专业知识,也需要通过融合思维和叙述技巧进行内容转化,帮助受众理解晦涩难懂的科学知识。其融合思维和科学专业知识不足主要体现在三个方面。

首先,科学传播者不注重语境与现实世界的适配关系。因为传播场景已成为媒体竞争力的核心要素,尤其是出现了趋于虚拟化、个性化和移动化的特点[15]。如果出现不适配,便会使得受众与传播场景处于完全割裂状态。例如,中国科学院大学在 Bilibili 发布了一期关于"地铁是如何运行的"节目,开头就出现"地铁以一百多公里的时速运行",这种科普与现实情况割裂,违背了"城区地铁时速设定为 80"的真实社会图景。这是对"面向公众"科学传播初衷的彻底颠覆,既没有同互联网和受众思维相融合,也与科学传播的目的南辕北辙。如果科学传播者不能在科学专业知识的基础上进行内容转化,建构起适配的传播场景,或通过场景的隐喻来科普,减少受众群体的认知不协调,就无法实现入耳入心的科学传播效果。

其次,科学传播缺少使用各种修辞来吸引受众注意力,或者用隐喻构建受众未知与熟知事物间的联系,进而占据受众注意力资源。也就是说,借助隐喻等技巧来解释清楚晦涩的科学原理的能力不足,诸如"足球比赛的输赢都有诸多因素,但与你是否看直播并无关联"来解释量子力学的不确定性、概率性的科学传播就较为成功。因此,运用各种修辞技巧来进行内容建构,并且逻辑自洽、浅显易懂,这种技巧是科学传播发展的应有之义。

最后,科学传播者不是单向度的"背书人",而是具备科学专业知识的,能够帮助受众群体认识、理解和学习科学知识的传播者。科学传播者如果只是搬运科学原理、科学论文,以诉诸理性并借此来说服受众作为最高追求,而不能通过"说人话"来说服受众,最终的结果只能是科学数据和科学公式从一个平台到另一个平台的单向度传播,并不能扩大科学传播效果。同时,这种单向度的"背书"也反映出科学传播者自身科学素养不足,专业知识理解不够,更毋言用传播技巧进行科学内容转化。这里的科学传播者不仅需要与受众的共情,具备能够在情感上感受他人的情绪和心理[16],还要与科学专业知识产生"共情",拥有较高的科学素养,才能较好地进行大规模的科学传播。

3.2 科学传播内容建设较为落后

目前,许多科学传播的内容只是将科学原理、公式、数据或科学史的内容拷贝到新媒体上,既没有内容转化,也没有借用"内容+服务""内容+社交""内容+科学精神"进行内容建设,不利于实现科学传播的大众化与普及化。

一方面,科学传播如果不能选择受众易理解的科学内容进行高质量内容建设,难以帮助科学内容真正出圈。在融媒体时代,科学传播的内容建设是帮助其影响力扩散的关键因素。但我国科学传播总体上仍存在内容质量不高、推送数量少等问题。席志武[17]以2020年度50种中国优秀科普期刊为例进行研究,发现一些科普期刊入驻新媒体后(如《大众科学》《环球少年地理》)就没有推送过任何科普内容,在微信公众号和微博所发布的内容主要为"搬运"刊物文章、杂志内容宣传、相关活动推广,以及来自其他公众号的内容"转发"等等。另外,"科学有故事"是由职业科普人开创的新媒体科普账号,但其传播内容理论化,缺少转化,沦为科学理论、科学公式或科学史的"传声筒",流于科学理论与理论的对话。

另一方面,科学传播内容把关不严以及关键性因素的缺失,导致科学传播内容失实,不利于科学传播塑造自身影响力。新冠疫情爆发初期,《人民日报》微信公众号发布"双黄连抑制病毒"引发了网络争议和抢购风潮,暴露出在我国新冠疫情防控过程中科学传播内容把关不严格的问题[18],内容建设与求真的科学精神并没有成正比,缺少将科学知识内嵌化的内容把关机制。科学传播的内容不真实,不仅会造成社会恐慌,还会降低公众对科学传播的信任。但换个角度看,如果能够像丁香医生一样,针对人们生活中常见的热点话题进行回应,提供正确的健康知识,就能够显著提升媒体自身的影响力。诸如丁香医生发表了一篇《辟谣101》的文章,挑战长期存在的错误认知,也指出了一些困扰受众的"伪科学",诸如"眼保健操唯一的作用是闭眼""没有速效美白产品""补品就是心理作用"。这些内容与受众心理需求的匹配,减少了受众的认知不确定,所以丁香医生也赢得了广泛的关注。但这些并非局限于相关科学领域的专业论文,而是通过"内容+信息+服务+科学精神"模式进行传播的。概言之,我国当前的科学传播缺乏对内容真实性的追问与把关,忽视了媒体融合时代内容建设的核心要义以及扩散科学领域影响力和话语权的重要性和紧迫性。科学传播内容未能结合融媒体环境选择受众感兴趣的话题,较少按照受众的接受方式改变传播模式,缺乏严格的把关机制,都致使其内容建设质量不高,影响受众后续的接触行为,不能真正发挥科学传播的影响力。

3.3 科学传播模态中技术应用不足

媒体融合将进入更深层次的组织结构性融合,包含报纸、电视、广播、网络等媒体形式,帮助各类媒体在统一的目标下实现协同运作,达到1+1>2的传播效果[19]。目前科学传播渠道融合大行其道,媒体全面融合向深层次发展,媒体与媒体间的界限消融,形态上殊途同归[20],这也意味着直播、VR、AR、H5和算法等技术不再受制于媒体形态。但是从总体上来说,科学传播模态单一,缺少将直播、VR、AR、H5和算法等技术运用到具体的传播活动中。按常理来说,科学传播应该是新型传播技术的"弄潮儿",至少是不拒绝或排斥新传播技术,将各类传播技术与内容结合起来,通过像VR此类虚拟技术的使用传递科学知识,在传播者与受众群体间产生柯斯林所提到的"触电感",才能不断扩大受众范围。

具体而言,VR技术现在可谓是如火如荼,但大部分科学传播者仍主要以文字、图片、短视频形式,对VR技术进行简单介绍,较少让受众扫描二维码亲身体验VR技术。据笔者观察,虽然VR技术与元宇宙有着密切联系,但让受众通过扫描二维码体验的传播活动很少,以直播和H5形式的传播也较少。另外,各类媒体使用H5技术进行科学传播的质量不等,使用频率都不高。以果壳网为例,2021年11月其在微信公众号发布了《追求精致的仪式感,我错了吗?》的文章,受众可以点击该文章下方"阅读原文"链接功能,跳转到H5页面,抽取专属"个人BUFF",阅读量也超过10万,效果较好,而发布的上一个H5作品则要追溯到6个月前,可见H5技术并非其主要传播手段。同时,虽然媒体融合为各类传播平台打破壁垒提供契机,但在传播模态的技术运用中也存在"复制-粘贴",例如科学网的APP就是其官方网站的翻版,从设计风格、布局到内容完全一致,并没有通过APP进行优化官方网站的不足,反映出虽然科学网积极采取新型传播技术,但并不彻底。总的来说,传播模态中新技术的应用不足、转型不够,并不能帮助科学传播突破圈层壁垒,塑造科学传播对社会发展的引导力、话语权和主导权。

4 科学传播未来发展路径

对于探究科学传播发展路径的价值而言,可将施拉姆的媒介选择公式作为参考标准,即媒体选择的概率=使用媒体带来的价值/接触使用媒介费力程度。在媒体融合时代的科学传播,通过何种方式利用好融媒体,减少受众接触科学传播所需要的时间、精力和其他成本,提高其所获得的价值,是科学传播扩大自身影响力的核心课题。

4.1 融合受众与互联网思维,提升传播者科学专业素养

融合传播,理念先行。习近平总书记提到:"媒体格局、舆论生态、受众对象、传播技术都在发生深刻变化[21]。"所以,媒体融合时代的科学传播需要将受众思维与互联网思维作为定盘星,多站在受众角度进行选题、制作、扩散和互动,想受众感兴趣的话题,考虑受众解读成本,树立服务型科学传播品牌。一方面,应对科学传播者进行科学专业知识的培训,帮助他们理解简单的科学原理,提升科学专业素养,有助于科学传播效果的提升;另一方面,对科学传播者进行新媒体运营培训,加强传播学、心理学和社会学原理的普及,提升科学传播者的叙事能力和技巧。科学传播者以科学专业知识为基础,并将融合思维嵌入到传播各个环节中,营造一个专业、开放、共享的科学传播生态。

再者,进行融合思维的实质就是,传播者所面对的受众是鲜活有判断力的个体,而非传统绝对意义的接收者或被灌输者;面对的媒介也不只是冷冰冰的工具,而是连接与受众情感的中介。基于新媒体时代受众观念的变化,科学传播者必须要说听得懂的"话语",借助情感和修辞技巧来吸引受众,深挖科学知识或原理背后的趣味故事,增加科学传播的可读性,少用冷冰冰且无法增加与受众群体共同意义空间的"术语"。诸如,"丁香医生"就为科学传播者提供了思路,其团队成员包括入驻到丁香医生的专业医生、具备专业背景的科普工作者,以及懂得新闻传播规律、会运营的编辑组成,大家互相协作。第一步是编辑负责选题,然后由专业人士完成初稿;第二步由编辑们再用各类修辞手法完成"术语"到"话语"的转换,最常见的比喻、拟人、反讽和隐喻等形式皆可涉及,顺便再对文章细节进行润色,使得其成为一篇真实准确、

切实有效、受众能读得懂、逻辑自洽的医学类文章[22]。换言之,融合思维与科学专业素养结合起来的最大的优势在于——用科学专业的视角来选题和内容建构,打通媒体与受众群体间的隔阂,扩大彼此共同意义空间,提升公众科学素养,推动科学传播发展。

4.2 遵循融媒体传播规律,构建高质量科学传播内容

媒体融合是当今时代的热点,科学传播应遵循融媒体传播规律,选择符合融媒体的传播内容,服务于科学传播大局。科学传播既需要融合思维,也需要"精品内容"来推动持续性发展,挖掘系列制科学传播内容,孵化完整的内容精品。诸如一些可读性强具有趣味性的科学小故事,可以适用于多种不同平台传播,最大化利用融媒体资源。好的内容,也需要有好的包装,通过挖掘科学故事和科研过程中的曲折情节,精心制作标题,但不是主打猎奇的"标题党"。就像央视综合频道《加油!向未来》节目,"以综艺为外衣、以科学为内核",将科学实验与综艺元素融合,最大程度地激发受众的兴趣,普及科学知识,解决受众在生活中遇到的"伪科学"。还要处理好微观与宏观的关系,立足微观、面向宏观。具体而言,如果内容小而微,那么就深度挖掘它的价值,以及与宏观社会之间的联系;如果内容宏观,则利用横向扩展的方式来具体解释和阐释。同时,在互联网领域也可以在获得转载内容许可后,"转发"其他媒体的精品文章,扩大自身的影响力,但绝不是一味的"复制-粘贴",丢弃自身的定位和优势。例如果壳网在新冠疫情期间,转发了国外《自然》杂志关于新冠病毒的长文,以及《科研圈》等专业杂志的文章,同时也没有放慢自身的内容建设,挖掘热点话题,不断深耕内容。

从这一意义上说,科学传播内容的构建要在遵循媒体规律基础上充分突显科学议题的属性,即内容的突出因素,体现内容的传播价值。正如拉斯韦尔所言,对于共同历史的集体记忆越多,集体的凝聚力就越强。科学传播的内容建构也是呼唤受众集体记忆的过程,通过日常生活常见的案例或集体共同感知的事物,进而切入到宏观的理论之中,媒介在其中起到一种串联各个子系统的连接作用。但是内容建设不能排除受众的作用,不仅可以听取受众的意见共同设置议程,进行强目的性的科学传播,直击受众痛点,运用融媒体优势传播优质科学内容,弥补科学传播的空白和不足,而且还要关注受众反馈,借助受众群体的知识或经验进行纠偏。由于许多科学传播者并非专业科学工作者,所以重视受众反馈和纠偏,能够帮助科学传播建构起更加准确、兼容并包、大众化且有意义的内容,也是实现科学传播"面向公众"的目标途径。

4.3 丰富传播技术的应用,强化科学传播路径

新技术浪潮推动媒介形态更迭,也赋予各类传播活动新的生机和活力。数字化生存天然具有赋权的本质[23]。新型传播技术提供多元化的传播方式,能有效帮助科学传播与受众信息需求匹配。

首先,科学传播可通过 VR、AR 技术构建起适配的场景,降低受众的不确定性,进一步提升传播效力。诸如,"广州市科协"在微信公众号发布《VR 科普游! 走进凉茶博物馆感受凉茶文化》就是一次较为成功的传播,运用 VR 技术宣传广东的凉茶文化,全面介绍博物馆的室内室外,以及凉茶的具体制作步骤,让受众全面立体地感受凉茶文化。

其次,借助 H5 和直播技术拉近与受众群体的距离,增加彼此的互动,增强受众群体的体验感和获得感。李良荣、周宽玮[24]指出,互联网本身的特征就是融合。通过传播技术与受众相融,提升传播效果,不妨借助 H5 技术实现科学大众化的目标,例如,受众在人民日报的《跟着嫦娥去探月》H5 作品中可以作为发射指挥者,进行点火发射和拍照,参与到模拟探月全过程,最后生成附有个人信息的月球拍摄照片,这样既能了解到探月工程的相关科学知识,又能获得独特的媒介使用体验。

最后,科学传播可以尝试构建一种嵌套系统,相互借鉴新型传播技术,改变传统的竞争关系,变成共生关系,提升科学传播效力。互联网彻底改变了媒体机构,助推单向度传播生态向互动联合的方向转变[25]。许多科学传播早已积极加入到新技术浪潮之中,如科普中国和果壳网是最早一批采用新型传播技术的,也吸引了一大批受众,建构起自身的影响力。以下科学期刊也积极顺应技术发展,如《农村新技术》期刊在 2020 年开始了"直播 + 短视频"的运营,肿瘤科普杂志《抗癌》开发自己的 APP[17],帮助其构建成为权威可靠的医学科普平台。概言之,新型传播技术已逐渐渗透到我们生活的方方面面,营造了全新的社交模式与信息传播生态。丰富科学传播模态中的技术应用,强化传播路径,实现科学知识和信息迅捷的传播、共享、扩散,不断扩大整个科学传播的话语权、影响力、公信力,发挥科学传播的社会作用。

5 结 语

数字化技术并没有完全将人从异化中解放,而是将人从物的异化变成了数字化的异化[26]。面对社会快速发展,科学传播成为以普及科学知识,弘扬科学精神为主要使命的传播活动,不仅对科学工作有益,而且对反对"伪科学"以及推动整个舆论生态健康发展都具有重要作用。

虽然科学传播在媒体融合时代面临着一些发展困境,但是在否定之否定的逻辑下,融媒体也赋能于科学传播来打破桎梏,探索新发展路径,实现高效传播。科学传播者要具备融合思维与科学专业知识,首先要摆正心态,驱散职业迷思,打破惯性思维,以科学专业知识为基础,提升融媒体叙事能力和技巧,以搭建适配的传播场景,增加情感与共情能力,打通传受间的隔阂,扩大彼此共同意义空间。科学传播要遵循融媒体传播规律,借助趣味性强且适合于融媒体传播的科学小故事,挖掘系列科学传播内容,孵化完整的内容精品,直击受众痛点,运用融媒体优势传播精品内容,弥补过往科学传播的空白和不足。科学传播也亟待解决传播技术应用单一的问题,寻求通过 VR、AR、H5 等新技术打通与受众间的最后一公里,探索融合的多种模态形式,改变同其他平台间的竞争关系为共生关系,构建嵌套系统,相互借鉴新型传播技术,提升科学传播效力。媒体融合时代科学传播建设并非一朝一夕的工程,总而言之,面对科学传播当前的困境,要正视问题并加以解决,既需要融合思维与科学专业知识为支撑,也需要高质量内容建设,并丰富传播技术的应用,进一步强化传播路径,才能真正有效地传播科学知识,弘扬科学精神,助力科学传播发挥重要作用。

参 考 文 献

[1] 中国科学技术协会.中国科协 2020 年度事业发展统计公报[EB/OL].(2021-04-30)[2021-08-29].https://www.cast.org.cn/art/2021/4/30/art_97_154637.html.

[2] 翟杰全,杨志坚.对"科学传播"概念的若干分析[J].北京理工大学学报(社会科学版),2002(3):86-90.

[3] 马克斯维尔·麦库姆斯.议程设置:大众媒介与舆论[M].2版.北京:北京大学出版社,2018:10-11.

[4] 中国人民政府网.习近平:加快推动媒体融合发展 构建全媒体传播格局[EB/OL].(2019-03-15)[2021-09-01].http://www.gov.cn/xinwen/2019-03-15/content_5374027.html.

[5] 蔡雯.媒体融合:面对国家战略布局的机遇及问题[J].当代传播,2014(6):8-10.

[6] Kwon N, et al. Application and analysis of students' responses to utilize' science TV' in science communication activities at early morning classes on elementary school students[J]. Journal of Science Education,2012,36(1):56-58.

[7] Park Young-Shin, Chung Woon-Gwan, Hisashi O. Exploring science communication of global issue and suggesting its implication in science education: the cases about nuclear energy of Korea and Japan[J]. Journal of the Korean Earth Science Society,2018,39(5):483-500.

[8] 综合腾讯网、搜狐网等新闻.全国科学传播发展指数报告出炉 浙江取得新进展[J].今日科技,2019(6):19.

[9] 高天晓.国内科研资助机构科学传播的新媒体研究:以国家自然科学基金委员会为例[J].科技创新导报,2019,16(9):235-237,239.

[10] 人民网.把科普放在与科技创新同等重要的位置[EB/OL].(2019-05-30)[2021-09-01].http://theory.people.com.cn/n1/2019/0530/c40531-31109953.html.

[11] CNNIC.第48次中国互联网发展状况统计报告[EB/OL].(2021-08-27)[2021-09-01].http://cnnic.cn/hlwfzyj/hlwxzbg/hlwtjbg/202108/P020210827326243065642.pdf.

[12] 吴国盛.当代中国的科学传播[J].自然辩证法通讯,2016,38(2):1-6.

[13] 蔡雯.媒体融合:面对国家战略布局的机遇及问题[J].当代传播,2014(6):9.

[14] 强月新,梁湘毅.短视频新闻评论话语方式的四种转向:以央视《主播说联播》为个案分析[J].现代传播(中国传媒大学学报),2021,43(4):61-63.

[15] 彭兰.场景:移动时代媒体的新要素[J].新闻记者,2015(3):20-27.

[16] 郭蓓.融合传播时代网络舆论引导与马克思主义新闻观之践行:基于共情理论的思考[J].现代传播(中国传媒大学学报),2019,41(8):56-59.

[17] 席志武,徐有军.科普期刊的新媒体运营现状与优化路径探讨:以2020年度50种中国优秀科普期刊为例[J].编辑学报,2021,33(4):434-439.

[18] 杨洋.重大公共危机中的科学传播争议、问题与改进方向:以新冠肺炎事件为案例[J].南方传媒研究,2020(1):91-100.

[19] 许颖.互动·整合·大融合:媒体融合的三个层次[J].国际新闻界,2006(7):32-36.

[20] 陈国权.中国县级融媒体中心改革发展报告[J].现代传播(中国传媒大学学报),2019,41(4):15-23.

[21] 求是网.关于媒体融合发展,习近平总书记这样说[EB/OL].(2019-03-16)[2021-09-02].http://www.qstheory.cn/2019-03/16/c_1124242592.htm.

[22] 上游新闻.让权健们闻风丧胆的丁香医生是如何炼成的?[EB/OL].(2018-12-30)[2021-09-02].https://www.cqcb.com/personage/2018-12-30/1349638_pc.html.

[23] 尼古拉斯·尼葛洛庞帝.数字化生存[M].胡泳,范海燕,译.海口:海南出版社,1997:269.

[24] 李良荣,周宽玮.媒体融合:老套路和新探索[J].新闻记者,2014(8):16-20.

[25] 严三九.中国传统媒体与新兴媒体融合发展的现状、问题与创新路径[J].华东师范大学学报(哲学社会科学版),2018,50(1):89-101,179.

[26] 蓝江.数字异化与一般数据:数字资本主义批判序曲[J].山东社会科学,2017(8):5-13.

Dilemma and Development Path of Science Communication in the Era of Media Integration

BAI Yu[1], LI Wei[1]

1) School of journalism communication,
Nanchang university, Nanchang 330031

Abstract The concept of science communication is closely related to the public's understanding of science. In the era of media integration, science communication has dual effects. It can not only improve the public's attention to scientific issues by means of media integration, but also help the public directly participate in and perceive broader issues about science communication. However, in the era of media integration, science communication is facing three difficulties, that is, the communicators lack integrated thinking and scientific professional knowledge literacy, the construction of science communication content is relatively backward, and the technology application in science communication mode is insufficient. Based on this, science communication urgently needs to face up to and solve problems, and it is also an opportunity for science communication to expand its own influence. Future development path of science communication: science communicators need to have integrated thinking, and improve scientific professional knowledge literacy and narrative skills. Follow the law of media integration and communication, incubate high-quality content products and directly hit the pain points of the audience. Enrich the application of communication technology, create a symbiotic "nested system", comply with the development trend of new technology and strengthen the path of scientific communication.

Key words media convergence; science communication; development dilemma; development path

作者简介

白宇,男,河南安阳人,南昌大学新闻与传播学院硕士研究生,研究方向为传播理论。

李薇,女,湖南常德人,南昌大学新闻与传播学院副教授,博士,研究方向为新闻实务。

在传统科学课堂中嵌入可视化的教学方法与案例研究

徐奇智[1)] 张林昕[1)] 张淑雅[1)]

1) 中国科学技术大学 人文与社会科学学院，合肥 230051

摘要 21世纪，在科学教育中使用可视化方法帮助学生理解和记忆科学知识成为改进传统课堂教学的重要方法。但是，国外的可视化教学方法并不能完全符合中国K12教育的现状。本研究在国外可视化教学方法的基础上，采用知识整合理论，在教学中的添加观念阶段采用了可视化的教学素材，构建了一种能够被国内一线科学教师采用、并适用于包括讲授式课堂和实验室教学等多种教学场景的嵌入可视化教学的模式。本研究还初步验证了该教学模式在对学生学业成绩、课堂参与度和满意度等教学效果方面的正向影响。

关键词 可视化教学；知识整合；科学可视化

1 引 言

可视化方法通常是指使用图表、图像、动画等形式将某个概念表示出来，并使其信息能够通过视觉进行感知。在教学过程中，当学习者接收到这些可视化信息后，将抽象的知识内化，在实际使用时在大脑中还原为自己的图像。可视化教学研究如何利用图形图像、动画视频等视觉表征手段以及思维导图、知识地图等视觉认知辅助工具，将抽象的教学内容具体化，并经由相应的教学活动内化为学习者的认知结构，以实现特定的教学目的。

随着可视化技术和认知科学的发展，可视化教学的理念已经不仅仅局限由于可视化运动主导的、在教学过程中使用可视化表达代替语言或其他符号这种形式，它已经扩展到利用视觉认知工具和视觉表征影响着学习者思维过程和学习过程的教学活动[1]。可视化教学方法作为新时代教学的前沿方向备受全球关注，不同国家在传统教学模式的基础上致力于研发基于可视化方法的课程以提升教学质量，取得了较好的反馈,例如能够提升学生成绩[2-3]、改善课堂参与度[4-5]、促进知识理解和应用[6]、促进思维发展[3]等。

从21世纪初到现在,国外的可视化教学方法已经有了极大发展,但基本上基于当地的教育方式和现状(主要是美国),在中国的应用却面临诸多困难。在传统的教学方法已经无法满足新媒体环境下教学需求的前提下,现存的可视化教学大多同样无法适应中国本土的基础教育,其原因为:

(1) 国外的可视化教学具体化为针对某些主题的成体系课程,却不能匹配国内K12教育的课标教纲。

(2) 主要采用基于模型的学习(Model-based Learning)、知识整合教学(Knowledge Integration Teaching)等理论进行开发,而国内科学教师更擅长"知识吸入"型教学和讲授式教学法,因此难以适应和运用全新的可视化教学方法。

(3) 可视化教学资源的制作成本高,且人才稀缺,一线教师基本不可能完成可视化教学素材的开发。国外资源因为知识表达和语言障碍的原因也很难应用在中国课堂中,导致教学资源缺乏。

要想在K12阶段普及可视化教学方法,我国亟需开发出一套能够被一线教师直接使用的教学方法,因此,本研究基于知识整合理论提出了嵌入可视化教学(Visualization-Embedded Teaching,简称VET)的方法。其核心思想为,在不对现有教学模式和教师习惯进行大幅度更改的前提下,在教学设计中的恰当时机嵌入可视化的教学环节,利用可视化教学方法提升课堂参与度和教学满意度进而提升学业表现。

2 嵌入可视化教学的理论基础

支持将可视化应用于课堂的预期效果的理论包括双重编码理论(Dual Coding Theory)、图片优势效应(Picture Superiority Effect)、认知负荷理论(Cognitive Load Theory)等,而VET则在上述认知理论的基础上还采用了知识整合理论(Knowledge Integration Theory)。

2.1 支持可视化教学的认知理论

双重编码理论认为,个体可以在大脑中采用视觉代码和语言代码两种格式表示信息。当人遇到某些词汇,可能会将词汇代表的信息存储在记忆中,通过想象来了解它看起来像什么[10]。这一理论显示,当学习者面对使用语言表示的抽象概念或复杂现象时,理解其含义的前提是能够想象出它长什么样。因此,直接提供与之对应的画面可以帮助学习者拥有更好的认知效果。

双重编码理论的提出者派维奥在实验中发现,如果在被试者面前以很快的速度呈现一系列的图画或字词,那么被试者回忆出来的图画的数目远多于字词的数目。这个实验证明了一个特定概念可想象的程度可以为以后的召回提供记忆优势[11],此结果与双重编码理论的预测一致,被称为图片优势效应。因此,在课堂中使用可视化方法讲授科学概念和科学现象,学习者应当拥有更高的记忆效率。

心理学家斯威勒的认知负荷理论以工作记忆、图式习得、认知资源有限理论为基础,提出工作记忆容量过载将导致认知负荷的产生,学习者出现注意力不集中、心不在焉等现象,导致学生课堂参与度降低[12]。研究证实,内在认知负荷和外在认知负荷的出现会阻碍课堂的学习效果[13]。这一理论指出,导致学生课堂参与度降低的这两种认知负荷主要是由于课堂信息组织与呈现方式不恰当引起的,而恰当地增加可视化资源的呈现,可以有效提升学生课堂参与度。

2.2 VET 使用的知识整合理论

以往的"知识吸入"型取向认为,教学是让学生快速地把知识吸入进来,学习过程注重记忆而非推理。很多教师和学生相信记忆知识比理解知识更好,应对考试背、记知识更容易成功。因此,在较长时期和较大范围内,这种取向在课堂中占主导地位。而事实上,在知识吸入教学模式下进行学习的学生容易出现理解不足、应用能力不足、迁移能力不足等诸多问题,甚至一段时间之后也容易遗忘。

针对这一问题,美国教育科学院院士、国际学习科学学会主席马西娅·林提出了知识整合的教学理论,其核心目标是帮助学习者形成连贯性的科学理解,强调尊重学生们带到课堂中的所有前概念,利用学生的已有想法是知识整合型教学的本质特征。

知识整合理论认为,学习者在个体经验、文化信仰、社会情境和教学的基础上构建了一组不连贯的、碎片化的想法,需要通过知识整合的教学模式将其整合成为一致的、连贯的想法。为此,知识整合教学提出了析出观念、添加观念、辨分观念、反思观念等四个教学环节。

(1) 析出观念,即强调尊重学生的前概念,充分呈现他们的已有想法。

(2) 添加观念,即增加规范的科学概念,且新增知识能够与学生已有想法或相关经验建立联系,促进学生形成对某科学概念的连贯理解。

(3) 辨分观念,即利用科学证据辨别区分不同的想法。

(4) 反思观念,即鼓励学生通过对比、思考和重新评估先前已有想法,找到各想法间的联系并解决自相矛盾的想法——认知冲突,从而形成对科学现象连贯的、一致性的理解。

在知识吸入取向的教学中,教师善于给学生提供大量的科学概念,却忽略了学生能否真正地理解和建构这些科学概念。很多科学概念是抽象的、难以理解的,教师不能孤立地给学生提供这些抽象观点,而应思考如何将新的科学概念与学生已有想法建立联系,以怎样的形式呈现这些科学概念才能帮助学生理解。因此,在知识整合的教学模式中,在添加观念环节嵌入可视化教学是一种有效改进现有课堂、能被大部分教师所利用的可视化教学方法。即使教师受课时限制,不能在课堂中贯彻上述四个环节,但添加观念的环节依然是必不可少的,而学生依旧可以从嵌入的可视化教学中获益。

3 嵌入可视化教学的方法与原则

3.1 嵌入可视化教学的方法

出于对可交付性的考虑,在传统课堂中嵌入可视化的教学不应当对原教学方式进行大的变更,降低对教师的要求。因此,嵌入可视化教学方法的核心是使用可视化演示,而其他教学环节可以提升教学效果,但并非强制性的。

(1) 使用可视化演示。可视化演示可以是视频、动画、图片、交互式软件、3D 模型等各种形式,甚至可以是一些专业的计算机模拟,例如为学生展示分子间的相互作用(图 1(a)),或使用地球模型展示晨昏线与昼夜更替(图 1(b))。

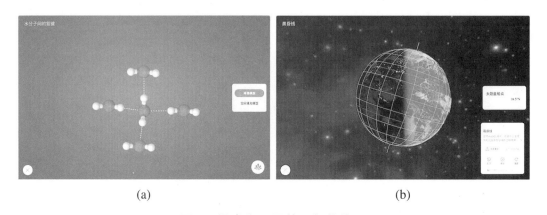

(a)   (b)

图 1 课堂上可用的可视化演示

这是嵌入可视化教学的核心:在课堂上加入计算机图像生成的可视化演示,帮助学生理解抽象概念或复杂现象并改善课堂参与度。唯一的难度在于寻找合适的可视化演示资源,教师可在 PhET、火花学院、美丽科学等平台寻找合适的现成资源,或使用 MolView、GeoGebra、几何画板甚至 PowerPoint 动画等可视化演示制作工具。并非所有的图像都是合格的可视化演示,这一点将在后文的操作原则中阐述。

(2) 在演示之前要求学生预测。可视化的方法可以演示多种抽象概念或者模型,但是在演示之前教师首先需要鼓励学生进行结果预测。在预测的过程中引导学生进行思考,再结合可视化素材进行演示,形成以学生为主导的学习过程,防止学生与教师对于可视化演示的过度依赖。

(3) 在演示之时进行解释。可视化演示的画面有可能是非常复杂的,包含了大量的信息,教师并不能保证学生可以从中解读正确的意义,甚至不能保证学生注意到那些应当关注的信息。因此,在演示时进行解释是非常有价值的环节,必要时还应当回放演示、在重点画面停留、使用手势指示等辅助手段。

(4) 在之后由学生进行讨论。可视化的方法为老师与学生提供了更优的理解复杂、抽象知识点的方式。在完成可视化素材的演示后,还需要教师引导学生进行讨论。在可视化教学后,学生接收的信息往往较多,学生对于知识点可能会有不同程度和角度的理解。因此,课后的讨论可以进一步辅助学生通过合作、沟通等方式达到对于学习内容的一致性理解。

(5) 在讨论之后通过绘图进行反思。学生在讨论后,需要教师引导学生通过绘制有关知识点的图像,将头脑中由可视化教学方法所内化的知识重新外化,使得结果具象化、图像化。这一过程便于教师持续跟踪学生的理解与记忆情况,也可以促进学生对自己学习成果进行反思,形成一套完整的学习过程。

3.2 嵌入可视化的操作原则

在课堂教学中嵌入可视化,应当对可视化资源及教学环节进行妥善设计,否则可能无法达到嵌入可视化教学的目标。在知识整合理论中提出了四项顶层原则,即让科学可触及、让思维看得见、帮助学生向他人学习、促进学习自主,其中前两项可以有效地嵌入可视化教学中,结合本文所述的基本可视化认知原理,可将其拆分成为五个可操作的原则:视觉表征原则、多重表征原则、可触及原则、多模态整合原则、去冗余原则。

3.2.1 视觉表征原则

在添加新观念时,应当尽量使用视觉表征形式向学生传授新观念,以促进学生对新观念的理解与记忆。例如对于金刚石的晶胞切割的教学,学生很难理解如何将金刚石的晶体结构(六元环和正四面体)转换为立方体的晶胞,而可视化资源(图 2)则可以很好地帮助学生理解这一点。

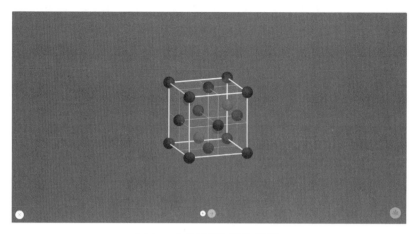

图 2　金刚石的晶胞结构

3.2.2　多重表征原则

同一个观念，在表达时可能会使用不同的视觉表征模型。在科学教育中，比较典型的表征形式包括宏观表征、微观表征、符号表征、图表表征等。以化学为例，学生可用肉眼观察的化学反应现象是宏观表征，而反应方程式则是符号表征，而大多数化学教学中都缺少描述该化学反应中分子和原子运动的微观表征（图 3）。更进一步的，在反应过程中出现的溶液浓度、温度等变化过程则需要通过图表表征（图 3）。在同一视觉表征中，整合多重表征模型能够帮助学生对同一种观念的不同表征模型形成一致的认知，否则可能导致学生无法解释宏观现象形成背后的微观运动，或整个宏观现象中各项指标的动态变化[9]。

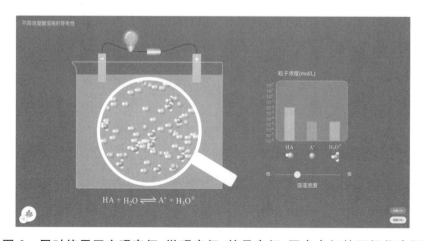

图 3　同时使用了宏观表征、微观表征、符号表征、图表表征的可视化资源

3.2.3 可触及原则

在采用可视化方法添加新观念时,会采用多种视觉符号来传达新观念中的各种意义,而学生可能会对这些视觉符号出现不同的解读。为保障学生能够得到尽量一致的解读结果,可触及原则通常包括三方面:

(1) 视觉符号尽量贴近于学生生活,例如表达人口密度时采用灯光效果,而非颜色。

(2) 使用与先验知识一致的支架信息,例如使用红色代表温度较高而蓝色代表温度较低。

(3) 使用无歧义的图形组织器,例如坐标系清晰、地图准确等。

3.2.4 多模态整合原则

嵌入可视化教学中需要呈现大量的视觉表征,既有图表又有文字,学习者必须整合这两种信息来源才能理解解决方案,这一过程会产生很高的认知负荷。因此,教学中对于这类信息的呈现应使用空间、时间集成,避免学习者注意力的分散。例如在进行"水的三种形态"教学时,应当在图形附近标注出文字内容,并根据形态变化及时切换文字。

3.2.5 去冗余原则

若两个信息源只是表现形式不同(即一个为图形,另一个为文字),内容上相互重叠,便为冗余信息,在嵌入可视化教学中应极力避免。研究结果发现,只显示图形的效果要比呈现两个信息源更能有效地降低认知负荷[14]。此外,一些不必要的信息可能会使噪声过大,干扰核心信息的获取,也是需要避免的,例如在可视化资源中使用适当的、精简的插画,删除纯娱乐化的、与知识内容、教学过程完全无关的插图和信息,可以有效提升学生的注意力。

4 嵌入可视化教学的应用场景

基于前文所述嵌入可视化教学的原理、方法和原则,本章依据嵌入可视化在教学中的应用场景,将课程内容分为三个类别,并通过应用案例的分析,总结嵌入可视化教学的应用模式。

4.1 讲授型教学

讲授型教学通常是以教师为主讲者,系统性的学习课本知识是一种传统的教学过程结构,也是目前我国中小学课堂中的主要教学方式。在传统的讲授型教学中嵌入可视化的素材后,可以将抽象的、难以在脑海中构建的知识具象化、模型化,便于理解;将复杂细微的知识点通过直观的演示呈现出来,方便记忆。

一个典型的案例是:椭圆转动中心轨迹。

以椭圆转动轨迹问题为例,通常学生难以明确轨迹的形状,常常不知从何处入手学习[15]。由于学生无法在脑海中形成明晰的线条轨迹,往往会类比于圆形的中心轨迹,而将椭圆的中心轨迹误认为处于一条直线上。使用嵌入可视化教学可以使学生直观地将椭圆形的中心轨迹进行视觉导入,将抽象的知识具象化、模型化。

在图4的交互式软件中,教师可以拖动桌面上的椭圆形的橄榄球形成一条红色的中心轨迹,以虚线的形式呈现。教师在演示之前,可以让学生进行预测,引出其前概念,随后与呈现的结果进行比对,对于之前错误的概念进行自我修正,经过这个过程能够形成更为有效的学习成果。在这个嵌入可视化教学的案例中,可视化设计没有直接使用单一的椭圆填充形状,用一根线段表示平面,而是使用了"橄榄球"和"课桌"的视觉符号,符合可触及原则。此外,可视化演示中用蓝底红线标记出轨迹的形状,利用颜色的视觉反差突出学习重点,提高记忆效率。

图4 椭圆形滚动时中心轨迹的可视化演示

4.2 实验型教学

实验型教学的目的是将在讲授型课堂中学到的理论知识,或者是对假定或者猜想进行验证。在验证知识的过程中,本身也是一种对知识的深度理解和运用,因此实验型教学的核心在于实地动手操作,而嵌入可视化教学仅可用于:

(1)提供进入实验室之前的实验操作学习。

(2)无法观察的实验现象模拟和演示。

(3)无法在实验室进行教学的实验。

(4)无法在现实中实现的实验,如思想实验。

试图通过可视化演示的方法取代实验型教学是不可取的,应当极力避免。

4.2.1 案例:无法进行实验室教学的核裂变和链式反应

在物理选修内容的学习中,核裂变反应和链式反应的学习是学生的重难点之一。由于链式反应的概念非常抽象,现实中也无法进行真实实验,学生仅限于理解概念的字面意思并背诵。可视化演示中(图5)设置了一个中子发射器,可发射中子与不同数量的铀原子进行碰撞,可模拟链式反应的过程,并可以帮助学生对"临界质量"概念进行推理。

这一案例模拟了复杂实验的发生过程,让学生能够直观地、清晰地看见以及理解实验的每个步骤以及实验结果产生的原因。此案例利用视觉表征形式向学生传授关于核裂变反应和链式反应的概念,以促进学生对于难以在日常生活中进行的实验的理解与记忆。

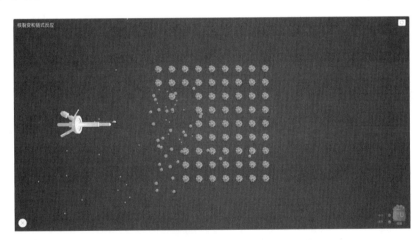

图 5　核裂变与链式反应的可视化模拟

4.2.2 案例:无法在现实中进行的伽利略斜面实验

在学习伽利略的平面实验时,重难点在于如何将学生的思想从"物体运动必须有力的作用"转变为"运动并不需要力来维持"。但是在现实世界中,没有绝对光滑的平面,伽利略也仅是通过思想实验的方式完成了这项实验。嵌入可视化教学可以进行现实世界中不可能完成的思想实验。

学生通过点击左侧斜坡上方的圆球进行实验,由于斜面绝对光滑,小球会达到右侧斜坡上同样的高度(图6)。随着点击变换不同的坡度,小球一直会达到同样的初始高度,直到最终在水平面上永远地匀速运动下去。该可视化教学案例中,可视化设计将小球的颜色与斜面的颜色同标为黄色,运用了视觉表征原则,并将画面中不必要的元素进行简化,只留下小球与斜面,符合去冗余原则,突出知识点,便于学生理解、内化和记忆。

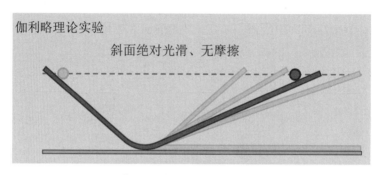

图6 伽利略斜面实验的可视化演示

4.3 探究型教学

在探究型教学中,教师的任务是给学生提出问题,让学生自己通过阅读、观察、实验、思考、讨论等途径主动探究,自行发现并掌握相应的原理和结论的一种方法。利用嵌入可视化教学,可以将学生需要长时间进行探索、或现实条件不满足的探究活动数字化,通过对于不同方案、结果的匹配从而学习科学知识。

一个可资参考的案例是:人类红绿色盲遗传方式的探究。

在学习人类红绿色盲的遗传方式时,最难理解的部分是染色体的配对。传统教学方式下,教师进行配对方式的讲授并配合多重训练,让学生记忆配对方法。嵌入可视化教育则将不同的配子让学生自行选择,通过在右边的控制台进行操作,可以匹配不同的亲代得到不同配子,最终得到不同的子代(图7)。在探究与归纳的过程中,学习染色体配对的相关知识,激发学生学习兴趣,并能够理解与运用所学知识。该可视化教学案例中将亲代和子代运用剪影的样式进行描述,更加贴合日常生活,便于理解,符合可触及原则。同时,将从亲代到配子再到子代的遗传过程用不同颜色的箭头进行指示,可以明晰地观察在不同情况下,亲代的染色体如何影响子代,符合多重表征原则。

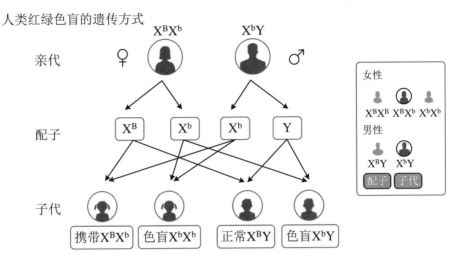

图 7 可探究红绿色盲遗传方式的可视化演示

5 总 结

嵌入可视化的技术已初露头角,可视化的教学方法的研究与应用弥补了传统科学课堂中的教育缺陷,也给未来的教育提供了新的方向。未来的研究将聚焦于在传统科学课堂中嵌入可视化的教学方法在学生的学习态度、学习兴趣以及学习成就方面的影响。

然而实验研究也发现,当下教师运用可视化教学时仍同运用传统材料一样进行大量的口头阐释,从而花费了更多时间,降低了教学效率;并且还可能由于这种"清晰"教学而导致学生会在观看可视化资料后,对自身形成过高估计的难题,有待研究与解决。因此,嵌入可视化的素材与教材仍然需要遵循视觉表征原则、多重表征原则、可触及原则、多模态整合原则和去冗余原则等,不断地调研、研发、改进,以期推动在传统科学课堂中嵌入可视化教学未来的创新型发展。

参 考 文 献

[1] 叶新东.未来课堂环境下的可视化教学研究[D].上海:华东师范大学,2014.
[2] Linn M C, Lee H S, Tinker R, et al. Teaching and assessing knowledge integration in science[J]. Science, 2006, 313(5790): 1049-1050.
[3] Buckley B C, Gobert J D, Kindfield A C H, et al. Model-based teaching and learning with bioLogicaTM: what do they learn? how do they learn? how do we

[4] Mayer R E, Moreno R. Nine ways to reduce cognitive load in multimedia learning [J]. Educational Psychologist, 2003, 38:43-52.

[5] Anmarkrud, Resen A, Braten I. Cognitive load and working memory in multimedia learning: conceptual and measurement issues[J]. Educational Psychologist, 2019, 54(2): 61-83.

[6] Pallant A, Tinker R F. Reasoning with atomic-scale molecular dynamic models [J]. Journal of Science Education and Technology, 2004, 13(1): 51-66.

[7] Chiu J L, Linn M C. Knowledge integration and wise engineering[J]. Journal of Pre-College Engineering Education Research (J-PEER), 2011, 1(1): 2.

[8] Treagust D F, Tsui C-Y. Multiple representations in biological education[M]. The Netherlands: Springer, 2013.

[9] Tasker R, Dalton R. Visualizing the molecular world — design, evaluation, and use of animations[M]//Gilbert J K, Reiner M, Nakhleh M. Visualization: theory and practice in science education. Dordrecht: Springer, 2008: 103-132.

[10] Paivio A. Mental representations: a dual coding approach[M]. New York: Oxford University Press, 1990.

[11] Paivio A, Csapo K. Picture superiority in free recall: Imagery or dual coding? [J]. Cognitive psychology, 1973, 5(2): 176-206.

[12] Sweller J. Cognitive load theory[J]. Psychology of learning and motivation, 2011, 55: 37-76.

[13] Cierniak G, Scheiter K, Gerjets P. Explaining the split-attention effect: is the reduction of extraneous cognitive load accompanied by an increase in germane cognitive load? [J]. Computers in Human Behavior, 2009, 25(2): 315-324.

[14] 曾琦.学生课堂参与现状分析及教育对策:对学生主体参与观的思考[J].教育理论与实践,2003(8): 42-45.

[15] 吴玲.关于高中数学轨迹问题教学设计的实践[J].高考,2018(30):43.

Application of Embedded Visualized Teaching Method in Traditional Science Classroom and Case Study

XU Qizhi[1], ZHANG Linxin[1], ZHANG Shuya[1]

1) School of Humanities and Social Sciences,
University of Science and Technology of China, Hefei 230051

Abstract In the 21st century, the use of visualization in science education to help students understand and remember science knowledge has become an essential way to improve traditional classroom instruction. However, foreign visualization methods are not fully compatible with the current situation of K12 education in China. Based on foreign visualization teaching methods, this study adopted knowledge integration theory and used visualization teaching materials in the adding concept stage of teaching, which became a model of embedded visualization teaching that could be adopted by frontline science teachers in China and applied to a variety of teaching scenarios including lecture-based classroom and laboratory teaching. This study also preliminarily verified the effects of this instructional model on teaching effectiveness in terms of academic achievement, classroom participation, and student satisfaction.

Key words visualization in teaching; knowledge-integration; scientific visualization

作者简介

徐奇智，四川成都人，博士，中国科学技术大学科技传播系讲师，研究方向为科技传播与科学可视化教育。

张林昕，安徽合肥人，中国科学技术大学科技传播系研究生，研究方向为科技传播。

张淑雅，河北石家庄人，中国科学技术大学科技传播系研究生，研究方向为科技传播。

议程注意周期视角下中日主流媒体对争议性科技议题的报道框架研究：以《人民日报》与《朝日新闻》的转基因报道为例

吴文汐[1]　魏泽[2]

1) 东北师范大学 传媒科学学院，长春　130024
2) 海军航空大学教研保障中心，烟台　264000

摘　要　本研究采用内容分析法，以《人民日报》与《朝日新闻》20世纪80年代至2018年的转基因议题报道为例，基于议程注意周期，对中日主流媒体的争议性科技议题的报道框架进行深入考察。研究发现，两份报纸的转基因议题报道同步进入下降期，但上升期并不同步，相较于《朝日新闻》，《人民日报》的转基因报道进入议程注意周期的时间略晚。报道框架亦存在显著差异，《朝日新闻》始终将关切包裹置于最重要的位置，而《人民日报》的报道尽管不断减少对进步包裹的使用，但进步包裹却始终是首要的框架类型。在关切包裹的运用上，《朝日新闻》将妥善管理和公众参与或教育置于同等重要的位置，而《人民日报》则始终最为强调妥善管理。两份报纸都倚重政府和专家等权威信源，但倚重的专家类型有所区别。本研究从两国转基因技术发展与应用的现实背景以及两份报纸的办报立场两个层面解释了两份报纸转基因议题报道存在差异的原因。

关键词　人民日报；朝日新闻；转基因议题；议程注意周期；报道框架

1 引　言

随着新兴技术的快速发展，尤其是产业化的推进，科技逐渐应用到人们生活的方方面面,潜移默化地影响着人们的生存环境。一些科技应用与公众的利益产生了紧密的联系,虽然在一定程度上为人们带来了收益,但是潜在的风险和不确定性也让人们深感担忧和不安。科技的两面性让人们对技术应用存在矛盾的心态,不同的群体从各自的立场出发评估权衡,对技术应用形成了不同的观点,于是,社会争论就此产生。本研究所涉及的争议性科技指的便是这种产生广泛社会争议的科技。

公众对争议性科技议题的关注处于一个不断变化的过程,议题从不被关注到成为舆论焦点,再到逐渐消退,成为一个常规议题,并在某些事件出现后,重新进入到公众视野,而媒体报道则是影响公众关注度变化的重要因素。转基因议题作为最具有代表性的争议性科技议题之一,在以往研究中,已有不少学者以该议题为例,深入剖析争议性科技议题的媒体报道框架,然而涉及中国的跨国比较研究较少,主要将中国与欧美国家相关报道进行比较研究,与亚洲国家,尤其具有相同文化圈的东亚国家相关报道的比较研究十分欠缺。本研究采用内容分析法,以《人民日报》与《朝日新闻》20世纪80年代至2018年的转基因报道为例,基于议程注意周期,对中日主流媒体的争议性科技议题的报道框架进行深入考察,比较两国在争议性科技议题报道中的异同。

2 文献综述

2.1 争议性科技

本文所涉及的争议性科技指的是产生广泛社会争议的科技。有关争议性科技的内涵界定尚未有统一的观点。关于争议的特征,Millar[1]指出大部分科技议题引发的社会争议具有以下特征:

(1) 专家团体内部对此项科技应用于社会的状况缺乏共识。
(2) 涉及判断争议的证据和资料仍不完整,核心的"事实"未知或者存在争论。
(3) 实际应用的结果和预测是基于概率而并非绝对的确定。

当前,争议性科技主要涉及转基因技术、核电发展、疫苗接种、纳米技术、追踪标签技术等,其中,转基因技术在农作物和动物上的应用在社会中引发的争议尤为突出。因此,本研究以转基因议题为例,展开争议性科技议题报道框架的跨国比较研究。

2.2 框架理论

Gamson等[2]指出媒体话语可以视为是一套解释包裹,它赋予了一个议题以意义,解释包裹有其内在结构,它的核心是一个中心组织思想或框架,用以解释相关事件,表明争议是什么以及议题的本质。框架是"思想的组织者",是一套运用具有说服力的方式来包装复杂问题的工具。框架可以被视为一种抽象的原则、工具或解释图式,通过媒体文本来构建社会意义[3]。通过对一个争议的某些方面给予高于其他方面的关注,新闻报道的框架为决策制定者和公众评估该议题的原因、后果和对策提供参考[4]。

框架与更广泛的意识形态和结构过程联系在一起。这些过程受到记者本人、新闻机构以及新闻来源等因素的影响。Gamson[5]认为,某些来源,尤其是那些来自政治、产业与社会运动组织的成员,他们积极地影响新闻,策略性地培养影响新闻框架的资源,这一过程被称为"框架赞助"（frame sponsorship,或译为"框架倡导"、"框架支持"）。因此,在记者和新闻常规影响框架形成的同时,利益相关者也试图影响框架。新闻媒体可以被视为"各种利益相关者互相竞争的象征场所"[6]。因此,框架是"从相互竞争的利益相关者的立场中衍生出意识形态解释机制的持续过程"[7]的一部分。而消息来源围绕"框架赞助"所偏好的问题界定而展开的竞争被称为"框架竞争"[8]。

框架理论有助于我们理解媒体对争议性科技议题的建构特征,通过分析媒体的框架建构策略以及不同时期、不同地区的媒体报道框架的变化,能够对争议性科技议题报道进行深度考察,进而揭示框架背后的意义。

2.3 议程注意周期理论

Downs[9]在分析美国公众对环境议题的注意力变化时,提出了"议程注意周期",他指出,社会公共议题的发展会经历以下五个阶段:前问题阶段、发现和预警阶段、成本反思阶段、公众注意的逐渐下降阶段以及后问题阶段。议程注意周期模式最早提出时是针对政策和公众议题,而后的研究发现,媒介议程也具有高低变化的循环周期模式。比如 Mccomas 和 Shanahan[10]运用议程注意周期模式,对《纽约时报》和《华盛顿邮报》1980 至 1995 年间关于气候变化的新闻进行了实证研究,将议题的周期性变化总结为三个阶段:上升期（upswing）、维持期（maintenance）以及下降期（downside）。薛可和王舒瑶[11]在议程注意周期模式下对《人民日报》和《纽约时报》的禽流感议题的报道框架进行研究,发现两家报纸在对禽流感的报道上都存在明显的上升、下降趋势,呈现出典型的议程注意周期特征。

此前已有研究者将议程注意周期运用到转基因议题相关报道的研究中。比如 Maeseele[12]运用议程注意周期分析比利时北部三家精英报纸和两家大众报纸的农业生物技术相关报道,发现随着议题发展阶段的不同,农业生物技术报道的主导框架与主要信源也在发生变化。在新品种和应用引入的第一阶段,发展和经济前景框架占据主导地位,产业界和科学界为主要信息来源;第二阶段出现高度争议,有关转基因作物和食品是否为"弗兰肯斯坦食品"引发争论,发展和经济前景框架的重要性下降到此前的一半,其主导地位被公共问责和潘多拉盒子所取代;第三阶段依然存在高度争议,该阶段的争议源于本地非政府组织策划的一系列运动,科学机构和行业机构通过展览、新闻发布等方式反击,使得发展、科技进步和经济前景框架得到体现,非政府机构信源十分活跃,产业界和科学界作为信源比重持续下降;第四阶段欧洲农业生物技术的未来仍存在不确定性,该阶段是解释斗争最为激烈的阶段,科学进步再次与公共问责框架相当,科学的不确定性和潘多拉盒子的比例也较高。这一阶段,科学界和工业界的信源占比都仅略高于10%,政府机构信源占比超过一半,而非政府机构的份额则下降到21%;第五阶段则是欧洲生物技术发展的转折期,2004年4月18日,欧洲关于标识和可追溯性的新立法最终生效,该阶段报道回归到和第一阶段相似的状态,科学进步和经济前景框架占据主导地位。Nisbet 和 Huge[13]将推动媒体关注和政策议题定义周期的社会机制称为"中介的议题发展模型"(Model of Mediated Issue Development),并将其运用于植物生物技术媒体报道的研究中,通过分析《纽约时报》和《华盛顿邮报》1978年到2004年的植物生物技术报道发现,随着关注度的上升,植物生物技术的报道有所转变,一是舆论版对这一议题的关注度上升,二是此前的报道由科学记者主导,20世纪90年代中期孟山都公司崛起之后,商业记者逐渐在报道中占主导地位,尤其在2000年以后,超过30%的报道出自商业记者,而政治/一般任务记者或报道国际事务的记者则较少参与该议题报道,即使在2000年到2002年的报道高峰期也仅有12.1%的报道来自这几类记者。目前的相关研究主要是将议题注意周期运用于一个国家的媒体报道研究中,在转基因议题报道的跨国比较研究中则鲜少运用该理论。

2.4 转基因议题报道的跨国比较研究

在转基因议题报道跨国比较研究中,侧重于探讨国家之间的框架差异及其影响因素。如 Aiko Hibino 和 Motohiko Nagata[14]比较了日本与欧盟的主流媒体转基因议题报道,发现生物技术的报道在日本和欧洲国家非常相似,尽管它们具有不同的文化背景,但在生物技术被视为全球事件或威胁情况的政治背景下,都存在集体象征性应对的特征,同时又发现日本新闻报道中存在的独特的"情感依恋"框架,即对克隆动物的情感依恋,这表明文化可能导致主导框架的差异。欧盟委员会资助的 LSES 项目对1973年至1999年期间14个欧洲国家以及美国、加拿大和日本的精英媒体的生物技术报道进行纵向比较分析,这是一个大规模的跨国比较研究。该研究结果显示，1996 年至 1997 年是媒体报道的分水岭，分水岭前后媒体的报道框架和报道态度存在显著差异。1996 年秋天，孟山都公司的抗草甘膦大豆被进口到欧洲，1997 年 2 月克隆羊多利进入公众视野。这两件事推动了生物技术报道的激增。1973 年到 1996 年，这些国家的媒体报道逐步增加，主要从进步和经济前景方面赞扬生物技术。而 1996 年之后，除了美国以外其他国家的报道量都出现了激增，而且关于生物技术争议的报道框架呈现出多样化的特征[15]。

目前的相关研究主要集中在与欧美国家的比较，与亚洲国家之间相关报道的比较甚为缺乏，对于具有文化相近性的东亚国家，它们的报道是否具有更强的相似性，尚未可知。日本作为中国的邻国，文化存在相近性，同时日本作为亚洲较早引入转基因技术、进口转基因农作物的国家，其报道亦有一定的参考价值。为此，基于以上理论与研究的回顾，本文提出如下问题：

Q1. 中日主流媒体对转基因议题的关注趋势分别呈现出怎样的变化？

Q2. 在议程关注周期的不同阶段，中日主流媒体的转基因报道框架与引用的信源分别具有怎样的特征？

3 研究方法

3.1 抽样方法

本文运用内容分析法进行研究，选择两国具有代表性的主流报纸《人民日报》和《朝日新闻》，分析两份报纸刊载的转基因报道。选取这两家报纸的依据主要有两个：一是报纸类型以及影响力。两家媒体都是具有重要影响力的主流媒体。《人民日报》是中国第一大报，是中国最具权威性、最有影响力的全国性报纸。《朝日新闻》是日本第一大综合性日报，在日本国内一直享有高于其他报纸的评价。二是媒体对转基因议题关注的程度，两家媒体都对转基因议题进行了长期的报道。

本研究以"转基因"作为关键词，在《人民日报》图文数据库搜索《人民日报》的转基因议题相关报道。同时，分别以"遺伝子組み換え""GM 食品""GM 作物""トランスジェニック""GMO"在《朝日新闻》数据库搜索《朝日新闻》的转基因议题相关报道。检索要求新闻标题或正文出现上述任一关键词，与转基因技术主题相关内容至少占全文的二分之一。筛选出与转基因无关和重复的样本。最终搜集到的有效样本为《人民日报》398 篇，《朝日新闻》2555 篇。

3.2 编码类目

报道体裁：包括外电/翻译稿、消息、评论、专题报道/专访、特写/特稿、会议/活动通知。

信源：参照谢君蔚和徐美苓[17]对转基因食品报道信源类型的划分，并结合本研究所分析的具体报道，将信源划分为政府机构/官员/政治人物、基因科学领域科研机构/科研人员专家、非基因科学领域科研机构/专家、生物科技产业的研发人员、种植作物的农民/养殖动物的饲养人员、生产/贩卖转基因制品的企业或个人、网络意见领袖、NGO组织/人士、国际监管机构/人士、媒体机构/媒体人、公众、学校以及其他信源。

框架：参照谢君蔚和徐美苓[16]的转基因食品报道研究中所总结的进步、危害、关切三大框架包裹，结合本研究所抽取报道的具体内容，形成以下框架类目，详见表1。

表1 框架类目

进步包裹	危害包裹	关切包裹	其他
市场或经济前景框架 科技创新框架	祸延子孙框架 产经毒药框架 健康疑虑框架 崇尚自然 阴谋框架	公众参与或公众教育框架 妥善管理框架 信息公开框架	

3.3 信度检验

本研究共有4名编码员参与新闻编码，其中《人民日报》新闻样本2名，《朝日新闻》的新闻样本两名（日语阅读无障碍）。为了保证内容分析的可靠性，在正式编码前随机从样本中选取了20条新闻，根据Holsti公式测算编码员间互相统一度分别为87%，87%，94%，信度为97%，符合Kassarjian认为的信度系数最低标准85%的要求。因此，本文的信度系数符合要求。

4 研究发现

4.1 议题周期

新闻媒体对特定议题的报道量反映了媒体对该议题的关注度。根据图1，《人民日报》与《朝日新闻》整体上都是呈先升后降的趋势,但在报道数量上存在明显的差异,《人民日报》的报道数量明显低于《朝日新闻》。参照 Mccomas 和 Shanahan[17] 议程注意周期性变化的划分,本研究将注意力周期分为上升期、维持期和下降期三个阶段,根据新闻报道篇数,如表 2 所示。《人民日报》的转基因报道从 1988 年到 1998 年是上升期,该时期年平均报道篇数仅为 7 篇,1995 年之前报道量都在个位数,1996 年开始每年报道量超过 10 篇;1999 年到 2005 年处于维持期,1999 年是个转折点,从 1998 年的 12 篇上升到了 1999 年的 22 篇,2003 年达到报道量的峰值,为 33 篇;2006 年到 2018 年为下降期,报道数量呈现下降趋势,下降期历时较长,报道篇数累计超过了维持期的报道篇数,但是年平均报道量 13 篇,低于维持期。《朝日新闻》从 1984 年到 1996 年是上升期,在此期间报道量一直维持在两位数,年平均报道篇数仅为 33 篇;1997 年到 2005 年是维持期,年平均报道篇数达到 165 篇,其中 1997 年是《朝日新闻》转基因议题报道量的转折年份,报道量从 1996 年的 34 篇迅速上升至 1997 年的 209 篇,2000 年达到顶峰,为 294 篇,正是在这一年,日本第一次召开全国范围的正式的共识会议,议题是"转基因农作物";2006 年到 2018 年是下降期,报道量逐渐回落。由此可见,两份报纸的议程注意周期中,下降期是同步的,而上升期并不同步,相较于《朝日新闻》,《人民日报》的转基因报道进入议程注意周期的时间略晚,下降期报道也相对活跃,这与两国的转基因技术发展与应用的现实有密切的联系,有关现实的技术应用与报道之间的关系将在下文不同阶段的报道框架与引用信源的分析中介绍。

图 1 《人民日报》和《朝日新闻》历年的转基因议题报道篇数

4.2 报道框架与信源总体特征

两份报纸在转基因议题的报道框架上存在着明显的差异(表 3)。《人民日报》倾向于使用进步包裹(70%),尤其突出科技创新框架(67%),淡化危害包裹(10%),适度运用了关切包裹(37%),强调要妥善管理(28%),对公众参与/教育的关注不多

(8%)。然而《朝日新闻》的转基因议题报道则突出关切包裹(74%),既重视妥善管理(33%),又非常强调公众参与或教育(36%),与此同时《朝日新闻》对进步包裹(28%)和危害包裹(26%)的运用比例相当,向读者呈现出了较为均衡的转基因议题图景。

表2 不同阶段《人民日报》和《朝日新闻》的转基因议题报道情况

阶段		《人民日报》	《朝日新闻》
上升期	年份	1988~1998	1984~1996
	年均篇数	7	33
	总篇数	73	425
	占比/%	18	17
维持期	年份	1999~2005	1997~2005
	年均篇数	22	165
	篇数	156	1489
	占比/%	39%	58%
下降期	年份	2006~2018	2006~2018
	年均篇数	13	49
	篇数	169	641
	占比/%	42%	25%

在信源的运用上,两份报纸都较为倚重政府机构和专家这两类权威信源,有所不同的是,在专家信源上,《朝日新闻》更侧重于采用基因科学领域的专家(18%),而《人民日报》则更青睐非基因科学领域的专家,《人民日报》对这类专家信源(22%)的使用比例远高于《朝日新闻》(8%)。除此之外,《人民日报》也较为倚重媒体机构/媒体人这类信源(28%),而《朝日新闻》中仅有7%的转基因议题报道引用了来自媒体机构/媒体人的信息。《朝日新闻》的转基因议题报道上,NGO组织/人士拥有一定的话语权,有18%的报道引用了来自NGO组织/人士的观点。而在《人民日报》上,这类群体属于边缘的状态,只有1%的转基因议题报道引用了该群体的观点(图2)。

表3 《人民日报》和《朝日新闻》的转基因议题报道框架的总体特征

框架类别	人民日报（$N=398$）	朝日新闻（$N=2\,555$）
市场或经济前景	33%	8%
科技创新	67%	24%
进步包裹	70%	28%
祸延子孙	2%	9%
产经毒药	0%	1%
健康疑虑	8%	16%
崇尚天然	0%	4%
阴谋	1%	1%
危害包裹	10%	26%
公众参与或教育	8%	36%
妥善管理	28%	33%
信息公开	10%	22%
关切包裹	37%	74%
其他框架	0%	0%

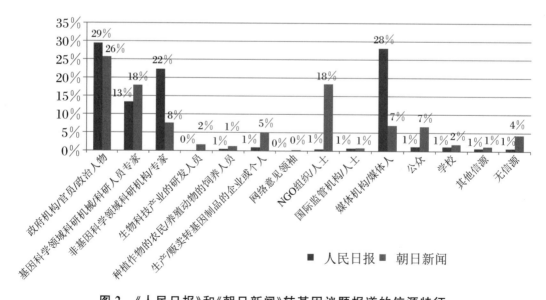

图2 《人民日报》和《朝日新闻》转基因议题报道的信源特征

4.3 不同阶段的报道框架和信源特征

不同阶段两家报纸对于转基因议题报道的框架和倚重的信源均存在差异。下文将结合转基因技术应用在两国的发展情况进行详细分析（表4、表5）。

表4 《人民日报》和《朝日新闻》在不同阶段的转基因议题报道框架

框架类别	上升期		维持期		下降期	
	人民日报 (N=73)	朝日新闻 (N=425)	人民日报 (N=156)	朝日新闻 (N=1 489)	人民日报 (N=169)	朝日新闻 (N=641)
市场或经济前景	66%	13%	31%	6%	20%	10%
科技创新	100%	40%	62%	16%	57%	30%
进步包裹	100%	45%	67%	20%	60%	34%
祸延子孙	0%	5%	4%	9%	1%	10%
产经毒药	0%	0%	0%	1%	1%	0%
健康疑虑	1%	9%	15%	19%	4%	13%
崇尚天然	0%	1%	1%	4%	0%	4%
阴谋	0%	0%	1%	1%	2%	1%
危害包裹	1%	15%	17%	24%	7%	25%
公众参与或教育	0%	15%	1%	42%	17%	36%
妥善管理	0%	24%	29%	34%	40%	37%
信息公开	0%	37%	7%	20%	17%	17%
关切包裹	0%	61%	32%	79%	57%	72%
其他框架	0%	0%	0%	0%	1%	0%

表 5 《人民日报》和《朝日新闻》在不同阶段的转基因议题报道信源分布

信源类别	上升期		维持期		下降期	
	人民日报 ($N=73$)	朝日新闻 ($N=425$)	人民日报 ($N=156$)	朝日新闻 ($N=1\,489$)	人民日报 ($N=169$)	朝日新闻 ($N=641$)
政府机构/官员/政治人物	11%	30%	28%	26%	38%	22%
基因科学领域科研机构/科研人员专家	8%	33%	6%	12%	22%	20%
非基因科学领域科研机构/专家	49%	5%	27%	8%	7%	9%
生物科技产业的研发人员	0%	4%	0%	2%	0%	1%
种植作物的农民/养殖动物的饲养人员	0%	0%	1%	2%	1%	1%
生产/贩卖转基因制品的企业或个人	3%	10%	1%	3%	0%	6%
网络意见领袖	0%	0%	0%	0%	0%	0%
NGO 组织/人士	0%	0%	0%	26%	1%	13%
国际监管机构/人士	0%	0%	1%	1%	1%	2%
媒体机构/媒体人	27%	4%	31%	6%	26%	11%
公众	0%	4%	2%	8%	1%	6%
学校	1%	0%	1%	3%	2%	1%
其他信源	0%	0%	0%	1%	2%	2%
无信源	0%	9%	2%	2%	0%	7%

4.3.1 上升期

在这一时期,中国内地主产棉区棉铃虫连年暴发,使棉花生产遭受巨大损失,而且过量使用农药也造成了环境污染,于是中国开始追踪世界转基因科技前沿,将其引入国内,转基因棉花开始应用于生产,但转基因大豆、玉米和水稻等食用主粮作物尚处于实验室研发阶段。这一阶段《人民日报》报道多以介绍国外研究的先进成果为主,报道框架上进步包裹占绝对主导,尤其是科技进步框架在该阶段的所有报道中均有体现。信源上,《人民日报》在该阶段主要倚重的是非基因科学领域科研机构/专家(49%)以及媒体机构/媒体人(27%),政府机构(11%)和基因科学领域专家(8%)在这一阶段作用并不突出。

日本是在1996年开始大规模引入转基因农作物,在此之前,《朝日新闻》对转基因议题的关注度相对有限。该阶段虽然也出现了公众和实验组织的冲突,也偶有小范围游行、控诉等行为发生,但是局限于区域范围。这一时期,《朝日新闻》的转基因议题报道主要是国际上的科技突破以及一些区域性的转基因技术影响问题,如各地区开展小规模的转基因试验等。在这一阶段《朝日新闻》的报道框架中进步包裹和关切包裹的比重均较高,分别为45%和61%,进步包裹突出科技创新(40%),关切包裹重视信息公开(37%)和妥善管理(24%),与《人民日报》有显著的不同,主导信源为政府机构/官员/政治人物(30%)和基因科学领域科研机构/科研人员专家(33%),NGO组织在这一阶段是边缘群体,并无报道将其作为主导信源。

综上,在上升期,相较于《人民日报》,《朝日新闻》的报道框架更为多元,与此同时,两份报纸倚重的信源也有着显著的差异,《人民日报》倾向于引用媒体和非基因科学领域专家信源,而《朝日新闻》则倚重政府和基因科学领域专家信源。

4.3.2 维持期

在这一时期,中国加大转基因技术的研发,推动自主创新,与此同时政府也出台了一系列举措加强监管。2004年,国家质检总局监督检验检疫总局执行转基因产品出入境检验检疫措施。中国还初步建立了农业转基因生物的生物安全管理系统和国家农业转基因生物安全委员会。在这一背景下,进步包裹依然是《人民日报》转基因报道的主导框架,占67%,同时,关切包裹也开始得到重视,有32%的报道运用了关切包裹,其中妥善管理的框架较为突出,占29%。此外,这一阶段,危害包裹的比例也有显著上升,从上一阶段的1%增加到这一阶段的17%。这一时期,《人民日报》转基因报道的主导信源除了非基因科学领域科研机构/专家(27%)和媒体机构/媒体人(31%)以外,还出现了政府机构/官员/政治人物(28%),与上升期相比,维持期对政府相关信源的引用率有显著上升,这与该时期政府对这一领域的推动与加强监管有关。

在维持期,《朝日新闻》的报道框架也出现了显著的变化。日本的卫生和福利部门于1996年批准了转基因大豆、转基因玉米和转基因油菜的食用,转基因技术由区域性的问题上升为全国共同关注的议题,开始引发公众的恐慌,公众开始质疑其安全性并要求应对转基因食品进行标识以保障公众的知情权和选择权。在日本消费者联盟和其他组织的推动下,日本出现了反转基因运动。这导致了 1997 年开始媒体报道出现了明显的转向。1997 年到 2005 年,《朝日新闻》的报道采用进步包裹的报道占比显著下降,仅为 20%,运用关切包裹的报道进一步提高,达 79%,与《人民日报》有所不同的是,《朝日新闻》运用关切包裹的报道中,不仅强调妥善管理(34%),还非常重视公众参与或教育(42%)以及信息公开(20%)。在报道信源上,政府信源依然为主导信源,与上一阶段显著不同的是,基因科学领域专家不再占据主导地位,与此相对的是 NGO 组织活跃度大大提高,成为主要行动者之一,信源引用率达到 26%。

综上,随着转基因技术研发与应用的深入,争议也逐渐增加,两家报纸的报道框架均出现了进步包裹占比下降,危害包裹和关切包裹占比上升的特点,而且尤其注重对关切包裹的运用。此外,在两家报纸的危害包裹报道中,健康疑虑均为最显著的框架。两家报纸的不同之处在于,《人民日报》的报道框架中进步包裹依然是最为突出的,在关切包裹中妥善管理框架突出,而《朝日新闻》仍将关切包裹作为最主要的框架,其中,不仅强调妥善管理,而且还十分重视公众参与或教育。信源方面,两家报纸的转基因报道都倚重政府信源,而在其他信源的引用上,《人民日报》还注重对媒体机构/媒体人以及非基因科学领域专家的引用,《朝日新闻》则侧重于引用 NGO 组织作为信源。

4.3.3 下降期

2006 年之后,两家报纸对转基因议题的报道都呈现出下降趋势,具体的报道框架和信源引用方面也出现新的特征。

这一阶段,中国进一步推进转基因技术的应用,这引发了公众的强烈担忧,网络舆论场上争议不断。2009 年,转 Cry1Ab/1Ac 融合基因的抗虫水稻华恢 1 号、杂交种 Bt 汕优 63、转植酸酶 PhyA2 基因的 BVLA430101 玉米自交系,获得农业部颁发的安全证书,引发公众对于转基因主粮可能走向产业化的担忧,这在社会中引发了激烈的争论,转基因食品的安全性、风险的不确定性受到公众关注,政府开始全面加强对农业转基因生物安全的管理,严格审批流程,转基因生物新品种培育重大专项开始启动。2013 年中央农村工作会议上,习近平总书记提出了"确保安全、自主创新、大胆研究、慎重推广"的转基因发展 16 字方针,中国的转基因发展战略逐渐明晰。之后,"崔永元、方舟子隔空辩论"、"崔永元和卢大儒在复旦激辩"等争议性事件掀起网络舆论的热潮。尽管这一阶段争议最为激烈,但是《人民日报》的转基因议题报道却并未激增,反而呈现逐渐下降的趋势,在框架的运用上,危害包裹显著下降,仅占 7%,关切包裹显著上升,其占比达 57%,与进步包裹的占比相当。与此同时,在信源引用上,对政府信源的倚重度进一步提升,引用率达38%。而在专家信源上,《人民日报》也发生了转变,淡化了对非转基因科学领域专家的依赖,而将转基因科学领域专家作为其主要的专家信源。这表明,面对转基因技术引发的社会争议,《人民日报》作为党报,并非单纯地呈现争议,将进步与危害以同等分量并置,而是通过突出关切包裹,尤其是强调妥善管理的必要性,引用权威信源的观点来回应争议。

在日本,由于日本消费者对转基因作物持谨慎、担心的态度,日本的转基因作物商业推进相当缓慢[18]。截至2018年11月26日,日本共批准319种转基因作物用于食用,三得利(Suntory)公司2009年推出的转基因玫瑰仍是日本唯一商业化种植的转基因作物。很多企业停止进口转基因作物,各地出台相关政策以抑制转基因作物的大力发展,以期挽回政府声誉。但科学界指出日本政府因公众反对态度就搁置转基因在农业和食品方面的运用,这种过于谨慎的态度不利于转基因技术在日本的进一步推广。2011年日本与美国关于关税问题交涉时,美国提出希望日本放宽对于转基因食品标签问题,但关于该问题在日本并没有引起太大的反响,由于日本不能自主种植转基因作物,因而公众已经开始更多选择本国产食品。2012年开发了新的不同于转基因技术的基因改造技术,在2013年关于转基因技术与基因改造技术间关系引发了一系列的报道,自此以后关于转基因技术的讨论热度持续降低。这一阶段,《朝日新闻》对转基因议题报道中对进步包裹的使用比维持期有所增加,进步包裹的占比从20%上升到34%,其他两类包裹的占比变化不大,关切包裹依然是主导包裹。在信源引用上,《朝日新闻》的转基因议题报道仍然倚重政府(22%)和基因科学领域专家(20%),对NGO组织的信源倚重度明显下降,从维持期的26%回落到下降期的13%。

5 结论与讨论

本研究运用议程注意周期模式,分析了《人民日报》和《朝日新闻》从20世纪80年代到2018年转基因议题报道的历时性变化。研究发现,在两份报纸的议程注意周期中,下降期是同步的,而上升期并不同步,相较于《朝日新闻》,《人民日报》的转基因报道进入议程注意周期的时间略晚,在下降期报道也相对活跃。报道框架亦存在显著差异,在这30年间,《朝日新闻》始终将关切包裹置于最重要的位置,《人民日报》的报道虽不断减少对进步包裹的使用,进步包裹始终是首要的框架类型。在危害包裹的使用上,随着时间的推移,《朝日新闻》对危害包裹的使用率持续上升,《人民日报》则是在维持期运用得相对频繁。在关切包裹的运用上,《朝日新闻》将妥善管理和公众参与或教育置于同等重要的位置,《人民日报》则始终强调妥善管理,至下降期开始对公众参与或教育有了较为理性的审视。在信源方面,《人民日报》和《朝日新闻》都较为倚重政府和专家这类权威信源,有所不同的是,《人民日报》更倾向于倚重媒体信源,《朝日新闻》则在维持期则较多地引用了NGO组织信源。此外,《人民日报》在上升期和维持期都较为倚重非基因科学领域的专家,《朝日新闻》则始终倚重基因科学领域的专家。

综上,《人民日报》对转基因议题整体持相对乐观积极的态度,在面对争议时侧重于强调加强监管,通过监管来控制潜在的风险,而且随着争议的增多,《人民日报》不断增加对政府和基因领域科学家这两类权威信源的引用,希望通过公众对权威信源的信任度,来降低风险感知,教育公众,有效回应争议。由上可见,就科学传播模式而言,面对转基因争议,《人民日报》的转基因议题报道更倾向于采用传统科普模式,在后期开始逐渐重视公众理解科学模式的运用,而《朝日新闻》的报道中公众参与或教育框架始终占据较高的比例,其报道中,公众理解、公众参与科学的意味更为浓厚。

《人民日报》和《朝日新闻》两家媒体对转基因议题报道的差异背后其实是各种微观和宏观因素交织作用的结果。整体来说,至少有三个方面的因素,一是转基因技术研发应用的现实因素。如转基因技术应用的进展,在转基因农作物的大规模引进方面,日本早于中国,这使得《朝日新闻》更早地对这一议题给予了关注。相关群体对该议题的参与情况,媒体更倾向于报道具有戏剧性、冲突性的话题,日本在转基因技术研发应用过程中,出现了公众和实验组织的冲突,在NGO组织的带领下产生了反转基因运动,公众和NGO组织的参与大大增强了事件的冲突性,从而推动了《朝日新闻》对该议题的报道,也提升了NGO组织在报道中的话语权。二是对待转基因争议的不同解决方式。中国侧重于通过加强监管,确保安全来应对转基因争议,也就是解决争议的主体是政府及科研机构。日本则更强调公众参与和公众教育的作用,这从其多次举办共识会议即可看出。媒体的报道实际上反映出了两种不同的争议解决方式。三是办报理念的差异。《人民日报》作为中共中央机关报,在国家运行和社会调控中担负着重要角色,它对转基因议题的关注度、报道框架与报道态度本质上反映的是党和政府对转基因技术的政策导向,因而在转基因议题的报道上关注科普、侧重于介绍科技发展和应用的最新进展、宣传党和政府的政策主张。而《朝日新闻》属于市场化报纸,在报道时更侧重于考虑市场价值,报道上会更多地追踪公众的关注点,以吸引公众,提高发行量,因此公众参与、公众教育一直以来都是《朝日新闻》在转基因议题报道中的重要内容。

通过对《人民日报》和《朝日新闻》转基因议题报道的对比研究,可以发现争议性科技议题报道存在以下几个方面的特征:一是报道受到争议性事件的驱动。在通常情况下媒体关注度有限,与其他议题的竞争并不具备优势,但是在出现具有冲突性、戏剧性的争议性事件时,报道的关注度就会迅速上升。正如唐斯(1972)所言,一系列戏剧性事件会引发公众对特定问题的关注,意识到问题的危害,这也反映到了媒体报道上。二是在媒体报道场域中,各类行动者通过成为主要消息来源争夺话语权,其势力受到事件情境、媒体报道的主导框架等因素的影响。三是报道框架受到技术应用进展的影响。技术研发与应用早期,报道多以技术进步和经济前景框架等进步包裹为主,强调技术应用的收益,之后随着技术的大规模社会推广,社会争议逐渐增加,报道中运用关切包裹的比例显著增加,并出现了运用危害包裹的报道。

与此同时,处于特定社会情境之中的争议性科技报道,在形塑技术形象,呈现各方观点时势必与新闻惯习、媒体组织以及政治、经济、文化等宏观社会因素之间存在着密切的联系,这要求我们必须结合具体的社会情境来理解争议性科技的新闻报道。

本研究尚存在一些不足。一是数据搜集时间相对较早,故只搜集到2018年,之后的报道未做分析,近几年的情况还有待补充。二是篇幅有限,未对不同类别的转基因议题分别予以深入细致的剖析。未来还需要在这两个方面做进一步的研究。

参 考 文 献

[1] Millar R. Science education for democracy: what can the school curriculum achieve? [M]//Levinson R, Thomas J. Science today—problem or crisis?. London: Routledge, 1997:87-101.

[2] Gamson W A, Modigliani A. Media discourse and public opinion on nuclear power: a constructionist approach[J]. American Journal of Sociology, 1989, 95(1): 1-37.

[3] Reese S D. Prologue—framing public life: a bridging model for media research [M]// Reese S D, Gandy J O H, Grant A E. Framing public life: perspectives on media and our understanding of the social world. Mahwah, NJ: Lawrence Erlbaum, 2001:7-32.

[4] Zhongdang P, Kosicki G. Framing analysis: an approach to news discourse [J]. Political Communication, 1993, 10(1):55-76.

[5] Gamson W A. The 1987 distinguished lecture: a constructionist approach to mass media and public opinion[J]. Symbolic Interaction, 1988, 11(2):161-174.

[6] Miller M M. Frame mapping and analysis of news coverage of contentious issues [J]. Social Science Computer Review, 1997, 15:367-378.

[7] Miller M M, Riechert B P. The spiral of opportunity and frame resonance: mapping the issue cycle in news and public discourse[M]// Reese S D, Gandy O H, Grant A E. Framing public life: perspectives on media and our understanding of the social world. Mahwah: Lawrence Erlbaum, 2001: 107-121.

[8] Carragee K M, Roefs W. The neglect of power in recent framing research[J]. Journal of Communication, 2004, 52(2): 214-233.

[9] Downs A. Up and down with ecology: the issue attention cycle[J]. The Public Interest, 1972, 28: 38-51.

[10] McComas K, Shanahan J. Telling stories about global climate change: measuring the impact of narratives on issue cycles[J]. Communication Research, 1999, 26(1): 30-57.

[11] 薛可, 王舒瑶. 议程注意周期模式下中美主流媒体对突发公共卫生事件的报道框架: 以《人民日报》和《纽约时报》对禽流感的报道为例[J]. 国际新闻界, 2012(6): 30-35.

[12] Maeseele P. On news media and democratic debate: framing agricultural biotechnology in Northern Belgium[J]. International Communication Gazette, 2011, 73(1, 2): 83-105.

[13] Nisbet M C, Huge M. Attention cycles and frames in the plant biotechnology debate[J]. Harvard International Journal of Press/Politics, 2006, 11(2): 3-40.

[14] Hibino A, Nagata M. Biotechnology in the Japanese media: comparative analysis of newspaper articles on genetic engineering in Japan and Europe[J]. Asian Journal of Social Psychology, 2006, 9(1): 12-23.

[15] Bauer M W, Kohring M, Allansdottir A, et al. The dramatisation of biotechnology in elite mass media[C]//Gaskell G, Bauer M W. The years of controversy: Biotechnology 1996-2000, London: Science Museum, 2001: 35-52.

[16] 谢君蔚, 徐美苓. 媒体再现科技发展与风险的框架与演变: 以基因改造食品新闻为例[J]. 中华传播学刊, 2011(20): 143-179.

[17] McComas K, Shanahan J. Telling stories about global climate change: measuring the impact of narratives on issue cycles[J]. Communication Research, 1999, 26(1): 30-57.

[18] 王永宁. 日本转基因作物的研究现状及发展趋势[J]. 全球科技经济瞭望, 2001(11): 61-62.

Attention Cycles and Frames of the Controversial Technology Issue in Chinese and Japanese Mainstream Media: A Comparative Analysis of Media Reporting of Genetically Modified Organisms Between the *People's Daily* and the *Asahi Shimbun*

WU Wenxi[1], WEI Ze[2]

1) School of Media Science/School of Journalism, Northeast Normal University, Changchun 130024;

2) Teaching and Researching Support Center, Naval Aviation University, Yantai 264000

Abstract Based on the issue attention cycle, the study explores the frames of controversial technology issue in the Chinese and Japanese mainstream media. Employing quantitative content analysis, the research compares the attention cycles, frames and news sources used in the reportage of genetically modified organisms (GMOs) on the *People's Daily* and the *Asahi Shimbun* from the 1980s to 2018. It is found that compared with *People's Daily*, the GMOs coverage in *Asahi Shimbun* entered the rising stage earlier. Besides, the two newspapers emphasize different frames. The dominant frame of GMOs coverage in *People's Daily* is the progress package, while the *Asahi Shimbun* places the concern package the prominent position. Each newspaper relies on the authorities sources such as governments and experts. The paper explains the reasons for the difference of the GMOs coverage between the two newspapers.

Key words *People's Daily*; *Asahi Shimbun*; genetically modified organisms; issue attention cycle; frame

作者简介

吴文汐,女,福建人,东北师范大学传媒科学学院(新闻学院)副教授,新闻系主任,公共传播与社会治理研究中心主任,研究方向为科学传播、健康传播。

魏泽,女,吉林人,海军航空大学教研保障中心编辑部助理编辑。

基金项目

国家社科基金项目(17CXW010);东北师范大学校内哲学社会科学学科交叉研究培育项目(135240012)。